Reinhilde Stöppler / Michael Kressin

Das pädagogische Puppenspiel

Theoretische Einführung und praktische Beispiele – auch für die inklusive Bildung

Reinhilde Stöppler / Michael Kressin

Das pädagogische Puppenspiel

Theoretische Einführung und praktische Beispiele – auch für die inklusive Bildung

Unser Buchprogramm im Internet
www.verlag-modernes-lernen.de

Externe Links
Der Verlag weist ausdrücklich darauf hin, dass eventuell im Text enthaltene externe Links vom Verlag nur bis zum Zeitpunkt der Buchveröffentlichung eingesehen werden konnten. Auf spätere Veränderungen hat der Verlag keinerlei Einfluss. Eine Haftung des Verlages ist daher ausgeschlossen.

Gesamtherstellung in Deutschland: Löer Druck GmbH, Dortmund

Titelfoto: Kirstin Hammerstein (hammerstein-pictures.de) mit freundlicher Genehmigung von Living Puppets © Matthies Spielprodukte

2. Auflage 2022

Bestell-Nr. 3860 ISBN 978-3-8080-0783-9

Inhalt

Einleitung

Wer kennt ihn nicht, den schlauen und lustigen Kasper, der am ehesten mit dem Puppenspiel assoziiert wird. Das Puppenspiel ist jedoch mehr als Kinderbelustigung und Jahrmarktvergnügen. Es hat nichts mehr mit dem herkömmlichen Kasperletheater zu tun, sondern hat sich von der Tritratrulala-Kindergartenunterhaltung zum künstlerischen und pädagogischen Medium entwickelt, das nicht nur Kinder fasziniert.

Besondere Beliebtheit bei Jung und Alt haben Klappmaul-Handpuppen der Firma „Living-Puppets", die hier im (fotografischen) Zentrum stehen.

Das vorliegende Buch soll den Weg des Puppenspiels zum wirkungsvollen pädagogischen Medium, das heutige Ensemble verschiedener Puppen, die vielfältigen Aspekte der Bedeutung sowie die Einbindung von pädagogischen Inhalten und Zielen in inklusive Lernkontexte aufzeigen.

Praktische Tipps und Tricks, die in den Umgang mit Klappmaulpuppen einführen sowie originelle Drehbuch-Ideen, um vielfältige Lerninhalte und -ziele zu vermitteln, finden sich im Praxisteil.

Das Buch soll insbesondere einen Beitrag zur Bildung und Förderung im inklusiven Unterricht leisten, indem das Puppenspiel als eine andere und bislang wenig berücksichtigte didaktische Methode vorgestellt wird. Es möchte Mut machen und zu ersten Spielversuchen und zu Improvisationen motivieren.

Herzlich gedankt sei den Studierenden der Justus-Liebig-Universität Gießen, die im Rahmen von universitären Puppenspielseminaren kreative Drehbücher geschrieben haben und namentlich im Praxisteil aufgeführt sind.

Wir bedanken uns sehr bei der Firma Living Puppets (Coverbild), Herrn Wolfgang Buresch (Hase Cäsar), Herrn Jens Welsch (Hohnsteiner Kasper), bigSmile Entertainment (Wiwaldi und Co), FOLKMANIS-PUPPETS (Alpaka), Frau Ursula Bienz (Marionetten des Theaters im Waaghaus Winterthur) sowie bei den Puppenbühnen Reutlingen (PolizistInnen beim Puppenspiel) und Dortmund (Schattenspiel / Heike Rosenkranz), die uns die aufgeführten Fotos kostenlos zur Verfügung stellten.

Dankeschön an Frau Dr. Karoline Klamp-Gretschel für die sehr kompetente Mitarbeit beim Formatieren, Korrekturlesen, Fotografieren, Telefonieren etc.; danke an Herrn Moritz Göttges, Frau Melanie Knaup und Herrn Dr. Heiko Schuck für Kreativität und Geduld beim Puppen-Fotoshooting für den Praxisteil.

Vorhang auf!

Reinhilde Stöppler und Michael Kressin
Gießen, im Februar 2017

I Theoretische Aspekte des pädagogischen Puppenspiels

1. Geschichte des Puppenspiels

Im Folgenden soll ein kurzer Überblick über die lange und internationale Geschichte des Puppenspiels – von der Antike bis zur Neuzeit – gegeben werden.

1.1 Entwicklung des Puppenspiels

Das Puppenspiel ist über die gesamte Welt verbreitet und in vielen Kulturen schon seit dem Altertum zu finden. Puppen gibt es schon seit Jahrtausenden, sie waren in ihren Anfängen kein (Kinder-)Spielzeug, sondern dienten vor allem magisch-religiösen Kulthandlungen. So wurde auch das Puppenspiel in seinen Anfängen zu Kultzwecken verwendet, z. B. zur Beschwörung von Glück, Leid, Liebe und Tod etc.

Frühe Kulturgeschichte
Überlieferungen aus der frühen Kulturgeschichte der Antike weisen alle auf einen religiösen Ursprung hin. Als Beispiele sollen hier Asien und das alte Griechenland angeführt werden.
In Griechenland war das Puppenspiel schon in der Antike sehr beliebt und verbreitet; z. B. gibt es in der Literatur Hinweise auf einen Marionettenspieler mit Namen Potheinos, der im Dionysostheater in Athen auftrat (vgl. Böhmer 1969, 7). Das Puppenspiel stellte dabei immer das Sinnbild des menschlichen Schicksals dar, in dem der Mensch – wie eine Marionette – mit Fäden von der Hand der Götter bewegt wird (vgl. Simmen/Bezzola 1972, 32).
Auch in Asien hat das klassische Puppentheater eine sehr große Ausprägung gefunden. Überlieferungen zufolge soll das Puppenspiel in China während der Han-Dynastie (206 v. Chr. – 220 n. Chr.) entstanden sein. In Java und Bali gibt es schon früh Hinweise auf das sogenannte Wajang Theater, in dem man mit Figuren aus bemaltem Büffelleder die Legenden Ramas (eine Lehre des Hinduismus) spielte (vgl. Böhmer 1969, 105 f.).
Aus der Welt der Antike gelang das Puppenspiel über Italien oder Spanien. Dort gab es eine Vorform der Spielpuppe, den sogenannten ‚Popanz', einen Fetisch in Menschenform. Dieser wurde in der Hauptsache zu religiösen und zeremoniellen Feierlichkeiten genutzt. In der frühen Vorgeschichte Europas wurden solche Fetischpuppen in Bäume gehängt, um die bösen Geister zu vertreiben (vgl. Kressin 2000, o. S.).

Mittelalter
Das Mittelalter wird oftmals als „Blütezeit des europäischen Puppenspiels" bezeichnet. Es gewann auf den Jahrmärkten, vor allem als Spiel der Gaukler, an Bedeutung. Dabei entwickelte es sich in Italien, Spanien und England schneller als in Deutschland. In England bereisten Puppenspieler das ganze Land und spielten auf den Jahrmärkten und in den Schlössern der Adeligen (vgl. Simmen/Bezzola

Abb. 1: Erste bekannte Darstellung des Puppenspiels (Herrad von Landsberg 1170)

1972, 36). Erste Zeugnisse des Puppenspiels in Deutschland stammen aus dem späten Mittelalter (vgl. ebd., 32). In Deutschland reisten Handpuppenspieler ab dem 16. Jahrhundert von einem Jahrmarkt zum anderen, um das Volk zu unterhalten (vgl. Zauleck 2014, 34). Gespielt wurden Stücke mit ritterlichen Kampfszenen, Sagen und auch geistliche Stücke. Eine Zeichnung in der 1170 von der Äbtissin Herrad von Landsberg verfassten Enzyklopädie zeigt kämpfende Ritterpuppen (vgl. Simmen/Bezzola 1972, 34).

In einem im Jahre 1300 verfassten Gedicht von Hugo von Trimberg liest man von Gauklern, die kleine Puppen unter dem Mantel hervorzogen und mit ihren Späßen die Zuschauer zum Lachen brachten. Diese Puppen wurden Kobold, Wichtel oder Tatermann genannt (vgl. Simmen/Bezzola 1972, 18).
Mitte des 16. Jahrhunderts entstand in Italien die weltbekannte „Commedia dell'arte". Die Commedia war ein Stehgreiftheater, die Gestaltung der Handlung erfolgte größtenteils auf der Grundlage improvisierter Darstellung. Sie fand große Verbreitung und auch schnell Eingang in die Puppentheaterwelt. Die „Commedia dell'arte" diente als Vorlage für die berühmte Kasperfigur. Die „Commedia dell'arte" gab bereits kurz nach ihrer Entstehung Gastspiele in Frankreich und England.
In der Zeit um 1500 war in einigen Schriften von einem sogenannten „Hans Wurst" zu lesen. Hierbei handelt es sich um eine Figur, der alles egal bzw. „Wurst" ist

und die nur Unsinn im Kopf hat: eine proletarische, tölpelhafte Figur mit Bauernschläue. Es handelt sich um die Vorgängerfigur des Kaspers, der international unter einem anderen Namen bekannt wurde. In England heißt „Hans Wurst" noch heute „Jack Pudding" oder „Punch", in Rußland „Petruschka", in Usbekistan „Paivan Katschal", in Spanien „Don Christobal", auf Java „Semar", in Frankreich „Jean Potage", in Tschechien „Kasparek", in Frankreich „Polichinell" und „Guignol", in Italien „Pulcinella" (vgl. Zauleck 2014, 48). In Österreich wird „Hans Wurst" im 18. Jahrhundert durch das Wiener Volkstheater in den gemäßigteren „Kasperl Larifari" verändert.
Diese Figur des Spaßmachers, der heute noch als Kasper präsent ist, hatte die größte Popularität. Kasper war und ist der Held des Volkes (vgl. Schomann 2005, 90). (Der Ur-Kasper war der garstige und vom Teufel abstammende Meister Hämmerlein). Im ausgehenden Mittelalter gab es eine größere Anzahl von Puppenspieltruppen, die als fahrende Gaukler durch das Land zogen. Man erfreute sich an ihren Vorführungen, die Abwechslung in den dörflichen Alltag und Kenntnisse über die Welt außerhalb des Dorfes brachten. Allerdings wurden sie oftmals als ehrlose und nicht vertrauenswürdige Vagabunden angesehen, aufgrund ihrer zeit- und gesellschaftskritischen Stücke und unflätigen Scherze und Possen wurden Puppenspieler durch Jahrhunderte oftmals von Kirche und Obrigkeit angefeindet und verfolgt. Auch heute noch werden alle Puppen landläufig als Kasperpuppen bezeichnet, die bis heute gegen das Vorurteil der Albernheit und des sogenannten „Herumkasperns" ankämpfen (vgl. Zauleck 2014, 44).

19. Jahrhundert
In der Zeit der Romantik erlebte das Puppenspiel einen neuen Auftrieb: es wurde – neben der Präsenz auf Jahrmärkten – in Salons und Haushalten des Bürgertums aufgeführt. In dieser Zeit wurde dem Marionettentheater große Wertschätzung entgegengebracht, was insbesondere auf das Repertoire an klassischen deutschen Stücken zurückzuführen war. Im 19. Jahrhundert entstanden in Deutschland unter dem Einfluss der Romantik zahlreiche Kaspertheaterbühnen, die vornehmlich Kinder als Publikum ansprachen. Dabei wurde der Kasper erneut populär. Auch Johann Wolfgang von Goethe sah als Kind auf einer bescheidenen Puppenbühne das Marionettenspiel vom Doktor Faust, wovon er nachhaltig beeindruckt und inspiriert war und fünfzig Jahre später seinen „Faust" schrieb. Das 19. Jahrhundert wird auch als Blütezeit des Wandermarionettentheaters in Deutschland beschrieben. Die meisten Marionettenspieler waren als Familienunternehmen unterwegs, spielten in Gasthöfen vornehmlich klassische Stücke und wurden dafür – im Unterschied zu ihren Puppenspielerkollegen, die noch mit dem Hut Geld einsammelten – mit einer Gage bezahlt (vgl. Zauleck 2014, 43). Vielen Menschen wurde durch das Puppentheater unterhaltsamer Zugang zu den Stoffen der Literatur und des Theaters verschafft (vgl. ebd., 86). So präsentierte Schichtl`s Marionettentheater Varieté-Theater, als bekanntestes Theater der Zeit, ein breites Spektrum der Themen, ein „Theatrum mundi der Bildung und Unterhaltung" (ebd., 86).

Abb. 2: Hohnsteiner Kasper (Jens Welsch o. J.)

In Sachsen wurde 1928 die „Hohnsteiner Puppenbühne" von Max Jacob gegründet; die „Hohnsteiner Puppenbühne" zog mit ihren – noch heute im Aussehen unveränderten – handgeschnitzten Kasperlepuppen durch das Land (vgl. Hohnstein o. J., o. S.).
Mit den „Hohnsteiners" wurde aus der traditionsreichen Figur des Kaspers ein positiver moralischer Held, der die Kinder zu gutem Benehmen, richtigen Verhalten im Straßenverkehr etc. erziehen wollte.

Allmählich entwickelte sich das Puppenspiel vom einfachen ‚Volkstheater' zum angesehenen künstlerischen Theater. Zwei zeitnahe Ereignisse sind in diesem Kontext zu nennen: die Gründung des Baden-Badener Künstler Marionettentheaters im Jahre 1911 sowie im Jahre 1929 die Gründung von UNIMA (Union Internationale de la Marionnette) in Prag.
Neben dieser künstlerischen Aufwertung gewann das Puppentheater zunehmend an pädagogischer Bedeutung.

Nationalsozialismus
An der Front hatte das Puppenspiel vor allem die Funktion, Soldaten zu amüsieren, über 20 Puppenbühnen dienten an den Fronten der Unterhaltung und Zerstreuung der Soldaten (vgl. Zauleck 2014, 56). Es wurde aber auch für die Bildung der Volksgemeinschaft eingesetzt, z. B. in Schulen und in Dorfgemeinschaftshäusern der Nationalsozialisten. Während des Zweiten Weltkrieges wurde das Puppenspiel aber auch für Propagandaarbeit instrumentalisiert.

Ab 1945
Nach dem Zweiten Weltkrieg erfuhr das Puppentheater einen ungeahnten Aufschwung, z. B. entstanden neue experimentelle Figurenformen, in den osteuropäischen Staaten wurde „Figurenspieler“ zum Ausbildungsberuf. Im Westen drängte das Figurentheater mit hohem Niveau in die Akademien, musste aber immer noch um Anerkennung kämpfen. Das Puppenspiel hatte vor allem in Schulen und Kindergärten seinen Platz und wurde deshalb mehr und mehr als Kindertheater eingestuft.
Durch die vielen neuen Figurentypen entstand das Bedürfnis, einen neuen Begriff für diese Theaterform zu finden, auch als Abgrenzung zum traditionellen Puppentheater. Seither wird der Begriff „Figurentheater“ als übergreifender Begriff benutzt. Er umfasst neben den traditionellen Theaterformen mit Puppen auch Mischformen (Menschen- und Puppentheater) und spezielle Theaterformen (Schwarzes Theater, Theater mit Schwarzlicht, etc.).

1.2 Entwicklung des pädagogischen Puppenspiels

Zwischen 1830 und 1870 erfolgte eine Reform des Handpuppenspiels. Die Figur des Kaspers wandelte sich vom finsteren Totschläger zum verschmitzten Lehrmeister. Seit Mitte des 19. Jahrhunderts wurden Kinder das Zielpublikum; Graf von Pocci begann, Theater nur für Kinder zu machen. Die Handpuppe gewann am Ende des 19. Jahrhunderts eine zentrale Bedeutung als Kinderspielzeug. Kasperl stellte einen lustigen Gesellen mit Hang zur Belehrung dar.
Seit den 20er Jahren des 20. Jahrhunderts hatte das Puppenspiel zunehmend erzieherische Funktionen (vgl. Zauleck 2014, 103).
Auch mit der Entwicklung des Psychodramas durch Jacob Levy Moreno (1892 – 1974) erfuhr das Puppenspiel in den 1920er Jahren zunehmend an Bedeutung für Pädagogik und Therapie. Puppen und Puppenspiel wurden mehr und mehr pädagogisch und therapeutisch verwendet.
Unter dem Einfluss der Reformpädagogik erfuhren Puppen und das Puppenspiel zunehmend mehr pädagogische und therapeutische Verwendung. Künstler und Pädagogen sahen im Puppenspiel eine für das Kind adäquate Vermittlungsform, die für die Förderung der Entwicklung des Kindes nutzbar gemacht werden sollte (vgl. Ellwanger/Grömminger 1989, 15). Die Entwicklung begann mit dem Architekten Carlo Böcklin, der ab 1911 öffentlichkeitswirksam dem Kasper eine „pädagogisch inspirierte Prägung“ gab (vgl. Kratochwil 2004, o. S.). Nach dem Grundsatz einer „Pädagogik vom Kinde aus“ wurde die Puppe als kindgemäßes Medium zur Unterstützung der Förderung der geistigen und seelischen Entwicklung des Kindes auch im Schulunterricht eingesetzt (vgl. Schomann 2005, 92).
Das 1906 gegründete Reformgymnasium „Berthold-Otto-Schule“ in Magdeburg führte das Puppenspiel im Kunstunterricht ein.

Abb. 3: Hase Cäsar (opticlab/buresch o. J.)

Große Verbreitung und Aktualität gewann das pädagogische Puppenspiel mit der Einführung des Fernsehens. Zwischen 1953 und 1960 nahmen Sendungen mit Puppen 20 % der Kindersendungen ein (vgl. Schomann 2005, 92), wobei die Augsburger Puppenkiste wohl am bekanntesten war. In den 1960er und 1970er Jahren entstanden viele Sendungen mit pädagogischer Intention, in denen Puppen als Transporteure pädagogischer Botschaften im Fernsehen agierten. Als Beispiele sollen die Sendungen „Der Hase Cäsar", „Sesamstraße" mit Ernie und Bert, „Rappelkiste" mit Ratz und Rübe, „Lemmi und die Schmöker" mit Bücherwurm Lemmi, „Der Spatz vom Wallraffplatz" genannt werden, die das Puppenspiel als pädagogisches Medium nutzten.

Mit dem Anstieg von spielenden Frauen, die eigene Theater gründeten, erfolgte eine Änderung des Verhältnisses zur / zum kindlichen ZuschauerIn. Durch den Einfluss der weiblichen Ästhetik wandelten sich Figuren und Spielinhalte, so wurde um 1985 im Fundus-Theater das erste Themenspiel gegen sexuellen Missbrauch konzipiert. In den 1980er Jahren verlor die Puppe mit pädagogischer Rolle im Fernsehen an Bedeutung.

1.3 Aktuelle Situation

Das Puppenspiel wird zurzeit wieder aktueller und erfährt neuen Aufschwung: im Fernsehen gibt es neben den altbekannten Shows und Sendungen wie Sesamstraße oder Muppet-Show, erneut Stücke der Augsburger Puppenkiste sowie vermehrt Puppenspiele auch für erwachsene Menschen. Insbesondere Comedians

Abb. 4: Wiwaldi (bigSmile Entertainment o. J. a)

Abb. 5: Horst Pferdinand (bigSmile Entertainment o. J. b)

setzen Puppen als Unterhaltungsmittel ein, als bekannte Vertreter sind z. B. René Marik und Jeff Dunham zu nennen. Des Weiteren gibt es die „Wiwaldi Show“ und „Die Puppenstars“, in der Profis und AmateurInnen ihre Stücke aufführen.

Das Puppenspiel findet erneut auch vermehrt didaktischen Einsatz und steht im Fokus schulpädagogischer Überlegungen, aber auch als therapeutisches Medium im therapeutischen Puppenspiel.
Häufigen Einsatz findet das pädagogische Puppenspiel in der Präventionsarbeit der Polizei. Das Puppenspiel der Polizei mit der Hauptfigur des Verkehrskaspers hat in Hamburg eine lange Tradition. Polizeipuppenbühnen gehören seit den 1950er Jahren zur Ausstattung zahlreicher Polizeidirektionen und -präsidien. Die erste bundesdeutsche Polizeipuppenbühne entstand im Jahre 1948, aktuell gibt es ca. 70 Polizeipuppenbühnen. Gespielt wird vor allem für Kinder, Jugendliche und zunehmend auch für SeniorInnen, gespielt werden Stücke zu Themen der Verkehrssicherheit und Kriminalprävention. Das spezielle Präventionsangebot richtet sich sowohl an Regel- als auch Fördereinrichtungen.
Seit 1990 erfährt das Puppenspiel weitere innovative künstlerische Entwicklungen, wobei die vielfältigen Ausdrucksmöglichkeiten von Puppen in zahlreichen Variationen und künstlerischen Facetten des Figurentheaters dargeboten werden. Aufgrund der gebotenen Vielfalt spricht das Puppentheater sämtliche Alters- und Bildungsgruppen an (vgl. Thiesen 2013, 134).

„Die Entstehung der vielfältigen Theaterpuppen-Varianten gleicht einem mythischen Schöpfungsakt […] Diesem phantastischen Schöpfungsakt verdanken wir das bunte Ensemble von Marionette, Stabpuppe, Handpuppe und Tischpuppe“ (Zauleck 2014, 19).

2. Formen des Puppenspiels

Es gibt eine große Anzahl verschiedener Puppen, die unterschiedliche Ausdrucks- und Wirkungsmöglichkeiten haben (vgl. Petzold 1983). Im Folgenden soll ein Überblick über verschiedene Puppenformen erfolgen, wobei die jeweiligen Ursprünge, Besonderheiten der Bühne und prominente VertreterInnen und Stücke beschrieben werden.

2.1 Handpuppen

Beschreibung

Handpuppen werden mit nur einer Hand geführt und gespielt. Der/die SpielerIn führt die Puppe unmittelbar, indem er / sie mit dem Zeigefinger den Puppenkopf, bestehend aus Holz, Gummi oder Plastik, und mit Daumen und Mittelfinger beide Arme bewegt. In einer einfachen Art genügen ein über die Hand gespanntes Tuch oder ein alter Handschuh mit aufgemalten Augen oder über die Finger geführter Pingpongball (vgl. Simmen/Bezzola 1972, 14). Es ist auch möglich, den Mittelfinger in den Puppenkopf zu stecken und mit Daumen und kleinem Finger die Arme zu bespielen.

Abb. 6: Erstes Dokument eines Handpuppenspiels (Johan de Grise 1344)

Ursprung
Überlieferungen eines europäischen Handpuppentheaters reichen bis ins Mittelalter zurück. Eine bildliche Darstellung von Johan des Grise in einem um ca. 1340 entstandenen Manuskript zeigt drei Kinder, die vor einem Puppenkasten sitzen, während zwei Puppen sich in einem Schaukasten zu streiten scheinen.

Bühne
Beim klassischen Handpuppentheater sehen die ZuschauerInnen nur den oberen Teil der Figuren; die Puppe kann (sofern sie welche hat) auch auf der Spielleiste Platz nehmen und ggf. die Beine dabei über die Leiste schwingen. Auf- und Abgänge finden überwiegend von den Seiten der Bühne statt, sind jedoch auch diagonal oder aus der Tiefe heraus kommend möglich. Publikumskontakt kann – wie bei keiner anderen Puppenform – durch das Einbeziehen der ZuschauerInnen, die zu Zwischenrufen animiert werden, hergestellt werden. „Die große Wirkung der Handpuppe auf den Zuschauer liegt in der Unmittelbarkeit, mit der sich die psychische Bewegungen des Spielers auf die Bewegung der Hand und somit der Puppe übertragen" (vgl. Ellwanger/Grömminger, 1989, 19).

Prominente Figuren/Stücke
Die bekannteste Handpuppe stellt der Kasper dar, der international – jeweils unter einem anderen Namen – (vgl. Kap. 1.1) bekannt in vielen nationalen und regionalen Sondertypen über ganz Europa verbreitet ist (vgl. Böhmer 1969, 15). Seine Charakteristika variieren auch heute noch von klug und listig bis frech, von trottelig bis snobistisch etc. (vgl. Simmen/Bezzola 1972, 18).
Interessant in diesem Kontext ist eine Umfrage über Aussehen und Eigenschaften des Kaspers aus dem Jahre 1931 unter PuppenspielerInnen, die schon damals belegte, dass der Kasper im deutschsprachigen Gebiet diesbezüglich nicht festgelegt, sondern von der/dem SpielerIn bestimmt wird (vgl. ebd., 19).

Inhalte
In den Anfängen wurden in allen Ländern und Jahrhunderten Themen mit Zank, Streit, Prügel gespielt sowie Stücke, die das Prinzip des Guten und Gerechten thematisierten. Heute werden alle Eingebungen, Alltagssituationen sowie Diskurse der Gegenwart thematisiert.

Klappmaulpuppen
Weitere Formen der Handpuppen stellen Klappmaulpuppen dar. Echte Klappmaulpuppen werden meist mit der rechten Hand geführt, da sie nur das Maul auf- und zuklappen können. Eine Erweiterung der Klappmaulpuppen sind die Mimik-Figuren, die auch über zwei Arme/Hände verfügen. Diese gibt es seit ca. 30 Jahren. Bekannte Arten der menschlich wirkenden Puppen sind die „Living Puppets" sowie die „Kumquats". Beide Hersteller weisen, ebenso wie die „Folkmanis"-Figuren, eine vielfältige Produktpalette auf, welche von menschlich aussehenden Puppen in verschiedenen Größen bis hin zu Handspieltieren reichen. Die Puppen wirken be-

sonders lebendig und ansprechend, u. a. weil sie verschiedene Gesichtszüge annehmen können, da ihr Kopf aus weichem und leicht verformbarem Stoff besteht. Die untere Hälfte des Klappmauls wird mit dem Daumen, der obere Teil des Mauls mit den restlichen Fingern geführt. Das Maul der Figur kann geöffnet und geschlossen werden, mit der anderen Hand wird die Puppenhand bespielt.

Prominente Figuren/Stücke
„Hase Cäsar", „Ernie und Bert" (Sesamstraße), „Wiwaldi" und „Charming Traudl" (Wiwaldi Show).

Abb. 7: Charming Traudl (bigSmile Entertainment o. J. c)

Abb. 8: Martin Reinl mit Wiwaldi, Horst Pferdinand und Charming Traudl (bigSmile Entertainment o. J. d)

2.2 Marionetten

Das Wort Marionette stammt aus dem Französischen und findet sich erstmals in einem Werk von Guillaume Bouchet (ca. 1600). Die wahre Ableitung des Namens ist unklar: der Puppenspieler Magnin erinnert sowohl an die Heldin Marion in einem Schäferspiel des 13. Jahrhunderts, an die beweglichen Marienfiguren der mittelalterlichen Weihnachtskrippen, als auch an die sog. „Marotte", der Pritsche der Narren (vgl. Simmen/Bezzola 1972, 50).
Es handelt sich um eine an Fäden oder Drähten hängende Gliederpuppe, die von oben mit Hilfe eines Führungskreuzes, an dem alle Stränge zusammenlaufen, durch Anheben, Drehen und Senken des Kreuzes von dem/der SpielerIn dirigiert wird. Die Figur kann eine Vielzahl aufeinander abgestimmte Bewegungen und mimische Varianten ausführen, die wirklichkeitsgetreu sind und Vergleichen mit menschlichen SchauspielerInnen standhalten. Das Ziel des Marionettentheaters war es schon immer, Personentheater zu imitieren.

Abb. 9: Fatima (Winterthurer Marionetten, Ursula Bienz, o. J.)

Ursprung
Der Weg der Marionette kann bis in das 5. vorchristliche Jahrhundert zurückverfolgt werden, aus dem griechische Terrakotten mit beweglichen Gliedmaßen bekannt sind. In Deutschland tauchen die Nachrichten über Marionettenspieler im 16. Jahrhundert in städtischen Ratsprotokollen auf. Im 18. Jahrhundert fand das Marionettenspiel in venezianischen Palästen als Zeitvertreib statt. Goethes „Faust" geht auf das erstmals im Jahre 1588 in Tübingen aufgeführte Puppenstück vom Doktor Faust zurück (vgl. Kap. 1.1).

Prominente Figuren/Stücke
Kasper existiert – trotz Namenspatron aller Kasperltheater – als Marionette ebenfalls weiter, z. B. im immer wieder gespielten klassischen Faust, berühmtes Stück: „Hans-Wurst (oder Kasper) als Teufelsbanner". Weitere bekannte Marionetten sind: „Kleiner König Kalle Wirsch", „Urmel aus dem Eis", „Jim Knopf und Lukas, der Lokomotivführer" aus der Augsburger Puppenkiste.

Inhalte
Gespielt wurden zunächst ritterliche Kampfszenen, Geschichten aus der Sagenwelt, Ritter-, Rühr- und Geisterstücke. Heute werden vor allem klassische Stücke und aktuelle Themen für Kinder, Jugendliche und Erwachsene gespielt.

Abb. 10: Krämer (Winterthurer Marionetten, Ursula Bienz, o. J.)

Abb. 11: Störche (Winterthurer Marionetten, Ursula Bienz, o. J.)

Abb. 12: Weser und Fatima (Winterthurer Marionetten, Ursula Bienz, o. J.)

2.3 Stabpuppen

Beschreibung
Stabfiguren stehen in Eigenschaften und Wirkungen zwischen Handpuppen und Marionetten. Unterschieden werden kann zwischen Marotten (bestehend aus Stab, Kopf), Stockpuppen (Stab, Arme, Hände) und Hand-Stockpuppen (Stab, PuppenspielerIn kann die zweite Hand als Hand der Puppe verwenden).
Stabpuppen werden von unten geführt; eine Hand des/der PuppenspielerIn hält die Figur am Stockgriff in die Höhe, die andere Hand betätigt mithilfe feiner Stäbchen (aus Holz oder Draht) die mit natürlichen Gelenken ausgestatteten Hände bzw. Arme der Puppe. Mit Hilfe von Zug- und Drehvorrichtungen, die vom Haltegriff aus zu betätigen sind, kann man vor allem den Kopf der Puppe bewegen.
Das Stabpuppenspiel braucht in der Regel mindestens zwei SpielerInnen, da ein/eine SpielerIn jeweils nur eine Puppe zur gleichen Zeit bedienen kann.

Ursprung
Stockpuppen besitzen im javanischen und chinesischen Puppentheater sowie im asiatischen Schattenspiel eine sehr alte Tradition. Sie entwickelten sich Anfang des 20. Jahrhunderts aus der traditionellen javanischen Spielform Wayang golek und erfuhren durch Richard Teschner (Wien) und Sergej Obraszow (Moskau) Anpassung in den europäischen Raum. Vor allem Teschner wird zum Schöpfer der europäischen Stabpuppe, die Orbraszow ab 1940 in der Welt bekannt macht (vgl. Zauleck 2014, 20).
Eine ältere volkstümliche Variante ist in Deutschland die im rheinischen Hänneschen-Theater gebräuchliche Stockpuppe.

2.4 Schattenspiel

Beschreibung
Das Schattenspiel ist ein Spiel der Schatten, wobei die Schatten die ursprünglich von Beschwörern zitierten Geister oder Manen der Toten darstellen. Schattenspiel wirkt insbesondere als Zauberei und Geheimnis und handelt von Traum und Tod, wird doch bei vielen Völkern der Schatten mit dem Tod gleichgesetzt (vgl. Simmen/Bezzola 1972, 72). Die Schattenfigur „zeichnet sich durch ihre Irrealität aus und besticht durch geisterhafte Magie, Phantastik und durch das Groteske" (Strasser 2002, 30).

Bühne
Die einfachste Art des Schattenspiels ist das Formen von Schattenfiguren mit der Hand. Gespielt wird hinter einem Bildschirm; die ZuschauerInnen sitzen vor dem Bildschirm, der aus einem auf einen Rahmen gespannten Tuch oder aus Zeichenpapier besteht, woran der/die SpielerIn seine Figuren hält. Die Lichtquelle ist

Abb. 13: Schattenspiel Rad (Heike Rosenkranz o. J.)

über dem Kopf oder links oder rechts der/des SpielerIn angebracht. Man unterscheidet farbige und schwarze Schattenspielfiguren. Die Figuren, die meistens im Profil dargestellt werden, müssen ausgeprägte, typische Formen aufweisen (vgl. Simmen/Bezzola 1972, 113 f.). Die Schattenpuppen selbst besitzen in den meisten Fällen einen Haltestab und einen oder mehrere Führungsstäbe (vgl. Strasser 2002, S.30). Oftmals gibt es beim Spiel mit Schattenpuppen einen/eine ErzählerIn, welche/r sich sichtbar vor der Leinwand befindet (vgl. ebd.). Weiterhin gestaltet sich das Schattenspiel aus meist flachen Figuren, welche mit Licht bestrahlt werden, sodass sie Schatten auf eine Leinwand werfen. Zu beachten ist dabei, dass der/die SpielerIn hinter der Lichtquelle agieren muss, da anderenfalls auch dessen Schatten auf der Leinwand zu sehen wäre. Es gibt jedoch Varianten, in denen das Licht von unten kommt, oder sogar jede Figur eine eigene Lichtquelle besitzt, welche sie gerade von hinten anstrahlt. Durch Variation der Entfernung von Figur und Leinwand können unterschiedliche Effekte erzielt werden. Je näher die Figur der Leinwand ist, desto schärfer ist sie auf der anderen Seite zu sehen, je weiter entfernt sie ist, desto größer und schemenhafter wird sie (vgl. Zunker 2001, 21 ff.)

Ursprung

Seinen Ursprung hat das Schattenspiel im 11. Jahrhundert in Asien, wo es vor allem bei religiösen Ritualen und Zeremonien Anwendung fand. Erste Hinweise auf Schattenspiele stammen aus Thailand, Indien, China und der Türkei. Seit dem 18.

Jahrhundert gibt es das Schattenspiel in Europa (vgl. Zunker 2001, 21). Erheblichen Einfluss hatte es in Deutschland in der Zeit der Romantik, es erfreute sich im 18. und 19. Jahrhundert – parallel zum Scherenschnitt – großer Beliebtheit (vgl. Ellwanger/Grömminger 1989, 25).
Eine Schattenpuppe kann einfach und günstig hergestellt werden. In der Schule kann ein Overheadprojektor als Lichtquelle dienen (vgl. ebd.). Schattenspiel eignet sich aus pädagogischer Perspektive künstlerisch, da Schattenfiguren, durch mangelnde Möglichkeit des Augenkontaktes, nur schwerlich in Interaktion mit dem Publikum treten können (vgl. ebd., 26). Schattenfiguren können im Vergleich zum klassischen Puppenspiel den ZuschauerInnen nicht in die Augen blicken, sodass Dialoge schwer möglich sind. Der pädagogische Nutzen liegt vor allem in der ästhetischen Erziehung.

Inhalte
In seiner ursprünglichen Form bedeutet es Beschwörung und Herbitten der Verstorbenen; ebenso gehörte das Schattenspiel zu religiösen Kulthandlungen. In asiatischen Ländern werden SchattenspielerInnen noch immer zu Geburts-, Hochzeits-, Einäscherungs- und Tempelfeiern geladen (vgl. Reusch o. J., o. S.). Aktuell bieten sich durch moderne Lichtquellen vielfältige Abstraktionsmöglichkeiten der Darstellung, das Publikum kann einbezogen werden und der/die SpielerIn befindet sich nicht mehr versteckt hinter einer Leinwand (vgl. Reusch/Götz o. J., o. S.).

„Wir sehen den Puppen bei ihren gefährlichen Prüfungen ohne Sorge zu, schließlich wissen wir, dass sie unsterblich sind. Wir können die Puppen in Teufels Küche schicken – sie werden uns trotzdem überleben. Für einen Menschen kann jede Prüfung tödlich sein. Darüber können Kasper und Konsorten nur lachen. Sie haben viele hundert Jahre Zeit und bekommen regelmäßig die Chance, ihre Irrtümer zu überleben“ (Zauleck 2014, 26).

3. Pädagogische Bedeutung des Puppenspiels

3.1 Aspekte der Bedeutung des (Puppen-)Spiels

Die Bedeutung des Spiels für die kindliche Entwicklung weist vielfältige Dimensionen auf. Spielen stellt eine prägende Tätigkeitsform des kindlichen Lebens dar. Im Spiel sammeln Kinder und Jugendliche hochkomplexe Erfahrungen in einem geschützten Handlungsrahmen und entwickeln sprachliche, sensomotorische, kognitive, soziale und emotionale Kompetenzen (vgl. Heimlich 2014, 176).
Spiele können vielfältige didaktische Ziele implizieren; im Spiel werden kognitive, motorische, soziale und emotionale Kompetenzen gefördert. Neben der Bedeutung des Spiels zur Förderung der Wahrnehmung (vgl. Stöppler et al. 2016) werden durch das Spiel vielfältige soziale Kompetenzen gefördert. Das Spiel bildet Hilfen zur Persönlichkeits- und Identitätsbildung sowie zur Ausdifferenzierung des Sozialverhaltens. Das Spiel fördert soziale Interaktion, denn im Spiel werden soziale Kontakte ermöglicht, es bietet „Chancen zu weitestgehend konsequenzlosem ‚sozialen Probehandeln‘“ (Huber 1997, 185).
Insbesondere im Phantasie- und Rollenspiel kommt der Puppe – als ein wesentliches und zentrales Medium – eine besondere Rolle zu. Das Rollenspiel kann als eine Fortführung des Phantasiespiels bezeichnet werden. Es stellt eine von Kindern spontan erprobte Form des darstellenden Spiels dar. Kinder können ca. ab dem 2. Lebensjahr im „sanktionsfreien Raum des Spiels“ Verhaltensweisen ausprobieren und soziale Erfahrungen sammeln (vgl. Pitsch/Thümmel 2015, 147). Im Rollenspiel werden zunächst Inhalte und Handlungsmuster aus der sozialen Welt gespielt sowie verschiedene Personen nachgeahmt. Später werden die sozialen Beziehungen von Menschen und die Wertschätzung der Tätigkeiten bedeutsam und emotionale Aspekte einer Rolle finden verstärkte Aufmerksamkeit. In einer weiteren Entwicklungsstufe werden fremde Personen als zu spielende Rollen in das Spiel einbezogen. Eine weitere Stufe des Rollenspiels zeigt, dass Rollen gespielt werden, die zur Selbstfindung beitragen können (vgl. Heimlich 2015, 38). Das Rollenspiel geht ab ca. dem 4. Lebensjahr in das Regelspiel über (vgl. ebd., 40).

Nach Oerter (2007, 17) ist das Spiel der Kinder insbesondere unter dem Aspekt der Realitätsbewältigung zu betrachten. In seinen Spielhandlungen werden problematische Situationen be- und verarbeitet, Realität nach- und umgestaltet; Alltagsrealität kann durch das Eintreten in eine Phantasiewelt verlassen werden. Es hilft, unverständliche Realität zu verstehen und reale Alltagssituationen angenehmer zu gestalten.

Die Bedeutung der Puppe als eine Methode und ein Medium des Spiels wird vielfach betont. Puppen haben großes und vielfältiges Potential, das pädagogisch genutzt werden kann. Im pädagogischen Puppenspiel werden häufig pädagogische und therapeutische Aspekte vermischt. Im Folgenden soll keine genaue Abgrenzung vorgenommen, sondern gemeinsame und sich überschneidende Funktionen beschrieben werden.
Im beschriebenen Rollenspiel kommt der Puppe eine wesentliche Rolle zu bzw. hat sie symbolische Bedeutung; in Abwesenheit von ProtagonistInnen für die unterschiedlichen Spielhandlungen repräsentiert sie Stellvertreter und Modelle.
Der Puppe kommt eine soziale Rolle im Spiel der Kinder zu; sie kann Freund/Freundin, Beschützer, Prügelknabe, Trostspender, Geheimnisträger etc. sein (vgl. Petzold 1983).
Puppen können mit unterschiedlichsten Zielsetzungen benutzt werden, sei es zur Abwechslung, Provokation, Bestärkung, Reflexion etc. (vgl. Möller/Schroeder-Zobel 2013, 24).

Das Potential des pädagogischen Puppenspiels ist enorm: zu vielen Lernbereichen können mit diesem didaktisch/methodischen Medium spielerisch Inhalte vermittelt werden. Puppenfiguren können unter verschiedenen Zielsetzungen eingesetzt werden, wie Kontakt aufnehmen, Selbstausdruck fördern, kommunikatives Verhalten aufbauen, Problemlösungen erarbeiten, neue Verhaltensweisen aufbauen (vgl. Weinberger 2001, 142 ff.). Handpuppen werden für den Einsatz in der Leseförderung empfohlen, weil sie dazu beitragen können, Kinder zum Lesen zu animieren (vgl. Möller/Schroeder-Zobel 2013, 36), sowie in den Fächern Sachkunde, Mathematik und Fremdsprachen (vgl. ebd., 24 ff.; 47).
Da die Puppe eine Identifikationsfigur darstellt, kann sie Vorbildfunktion haben (vgl. Möller 2007, 15) und als Lernmodell dienen.

Des Weiteren kommt dem pädagogischen Puppenspiel eine wichtige Rolle in der Präventionsarbeit zu; hierzu zählen Motivations- und Kommunikationsförderung (vgl. Konrad 1975), Medium zur Kontaktaufnahme (vgl. Measelle 1998), pädagogisch motiviertes Lernmodell, Suizidprävention (vgl. Bernhardt/Praeger 1985), Toleranztraining (vgl. Irving 2000), Prävention (vgl. Hille Puppille 2016) und Verkehrserziehung. Zwar fehlen bislang umfassende begleitende Evaluationsstudien, jedoch zeigen einige Studien die positive Wirkung auf.
Puppen haben einen sehr hohen Aufforderungscharakter. Nach Petzold (1983) nimmt das Kind über die Puppe Kontakt zu sich selbst und zu anderen Personen auf. Ein zu besprechendes Thema erhöht durch Puppen einen spielerischen Handlungskontext.

Weitere inhaltliche Ausführungen zu diesen Themenbereichen sowie praktische Vorschläge finden sich in Kap. 5 und 6 des Praxisteils dieses Buches.

3.2 Bedeutung für Menschen mit geistiger Behinderung

Das Puppenspiel wurde bislang vornehmlich in Regeleinrichtungen durchgeführt; Aspekte der Bedeutung und des Potentials des Einsatzes in Förder- und inklusiven Einrichtungen wurden bislang vernachlässigt. Auch die Geistigbehindertenpädagogik nutzte schon früh das Spiel als Unterrichtsmittel (vgl. Simon 2008); heute finden sich vielfältige Hinweise auf die Bedeutung des Spielens in den aktuellen Richtlinien für den Förderschwerpunkt geistige Entwicklung (z. B. Bayerisches Staatsministerium für Unterricht und Kultus 2003; Ministerium für Bildung, Frauen und Jugend Rheinland-Pfalz 2001; Ministerium für Bildung, Kultur und Wissenschaft Saarland 2004).
Gleichwohl finden sich vielfältige Hinweise auf Bedeutung und Einsatz des Puppen- und Figurenspiels in den aktuellen Richtlinien der Bundesländer für den Förderschwerpunkt geistige Entwicklung, z. B. im Lernbereich Spiel (Bayerisches Staatsministerium für Unterricht und Kultus 2003, 250), im Bildungsbereich Musik, Bildende und Darstellende Kunst (Ministerium für Kultus, Jugend und Sport Baden-Württemberg 2009, 234), im Fach Bildende Kunst (Freie und Hansestadt Hamburg Behörde für Schule und Berufsbildung 2011, 15), im Aktivitätsbereich Darstellendes Spiel und Theater (Ministerium für Bildung, Frauen und Jugend Rheinland-Pfalz 2001, 118), in den Lernbereichen Katholische und Evangelische Religion und Kunsterziehung (Sächsisches Staatsministerium für Kultus 1998, 137; 119; 209). Ersichtlich wird an dieser Stelle, dass dem Puppenspiel Bedeutung für und in verschiedensten thematischen Schwerpunkten zugesprochen wird.

Einige Studien zeigen auf, dass das Puppenspiel ein wirkungsvolles Medium in der pädagogischen Arbeit mit Menschen mit geistiger Behinderung sein kann, z. B. zur Förderung von Kreativität (Pommer 1988), Sprache und Kommunikation (Kreuser 1993) sowie Verhaltensänderungen.
In ihren nicht repräsentativen Studien zeigen Piepho (2015) und Rossol (2015) auf, dass die Versuchsgruppe der SchülerInnen mit geistiger Behinderung eine deutlich höhere Rate der Verhaltensänderungen aufweist. In ihren Studien wurden die Lerneffekte der von den Verfasserinnen entworfenen Puppenstücke zu den Themen „Verhalten an der Fußgängerampel“ und „Verhalten im Bus“ ermittelt. Dazu wurden jeweils zwei Gruppen von SchülerInnen mit geistiger Behinderung gebildet, denen gleiche Lernziele und -inhalte auf unterschiedliche Weise vermittelt wurden. Einer Gruppe wurde das Puppentheaterstück vorgeführt, während den Kontrollgruppen eine entsprechende Geschichte vorgelesen und passende Piktogramme gezeigt wurden. Nach einer Woche wurde das Gelernte überprüft, indem die SchülerInnengruppen erneut an der Fußgängerampel sowie im Bus beobachtet wurden. Dabei zeigte sich deutlich, dass das Puppentheater-

stück im Vergleich zur alternativen Methode nachhaltiger in Erinnerung geblieben war: fast alle SchülerInnen der „Puppengruppe“ zeigten positive Verhaltensänderungen auf, die bei der Kontrollgruppe weniger gravierend ausfielen.

3.3 Bedeutung im Kontext der Inklusion

Die UN-BRK, die 2009 von Deutschland ratifiziert wurde, stellt einen wichtigen Meilenstein dar. Die UN-BRK fordert individuelle subjektive Rechte für Menschen mit Behinderungen, z. B. gleiche Anerkennung, Teilhabe an Bildung. Im Artikel 24 der UN-BRK wird ein „inklusives Bildungssystem auf allen Ebenen“ gefordert. Gemeinsame Bildung erfordert insbesondere bei heterogenen Lerngruppen vielfältige und neue Wege. Eine heterogene Schülerschaft erfordert eine Angebots- und Lernortvielfalt, z. B. das Ansprechen verschiedener Voraussetzungen über verschiedene Wege, um individuelles Lernen anzuregen.

Gardner (2002) nennt zehn verschiedene Intelligenzformen, nämlich sprachliche, logisch-mathematische, musikalische, körperlich-kinästhetische, räumliche, inter- und intrapersonale, naturkundliche, spirituelle sowie Lebensintelligenz. Auch in diesem Kontext gilt es, beim Lernen in heterogenen Gruppen individuelle Intelligenzen anzuregen.

In den Zeiten der Inklusion bietet das pädagogische Puppenspiel vielfältige Möglichkeiten in inklusiven Lernkontexten.

Da Spiel und Spielen in pädagogischen Einrichtungen einen hohen Stellenwert haben (vgl. Kap. 3.1) können Möglichkeiten inklusiven pädagogischen Puppenspiels immer mehr an Bedeutung gewinnen.

4. Handlungsfelder und Inhalte für das pädagogische Puppenspiel

In diesem Kapitel sollen Inhalte und Ziele ausgewählter pädagogischer Handlungsfelder vorgestellt werden, die sich für den Einsatz des Puppenspiels im Kontext einer umfassenden Präventionsarbeit (vgl. Kap. 3.1) eignen sowie entsprechend den Beschlüssen der Kultusministerkonferenz (KMK) für **alle** Schulformen gelten. Vor dem Hintergrund der Inklusion und dem möglichen Einsatz in inklusiven Settings sollen die jeweiligen Handlungsfelder auch in ihrer Bedeutung und Besonderheit mit ausgewählten Inhalten/Zielen für den Förderschwerpunkt geistige Entwicklung vorgestellt werden. Die skizzierten Inhalte und Ziele können Anregungen und Impulse für spielerische Umsetzungen geben, weiterentwickelt und -gesponnen werden. Je nach Form des Puppenspiels können ZuschauerInnen zum Mitdenken und Erwägen von Lösungswegen angeregt und einbezogen werden.

4.1 Mobilitäts- und Verkehrserziehung

4.1.1 Inhalte und Ziele

Inhalte der Mobilitäts- und Verkehrserziehung stellen den Klassiker des pädagogischen Puppenspiels dar. Insbesondere im Themenbereich der Mobilität können im Puppenspiel Gefahrensituationen ohne reales Risiko aufgezeigt werden.
Mobilitäts- und Verkehrserziehung stellt gemäß den Empfehlungen zur Mobilitäts- und Verkehrserziehung in der Schule (vgl. KMK 2012 a) eine übergreifende Bildungs- und Erziehungsaufgabe der Schule dar. Sie umfasst Aspekte von Sicherheitserziehung und Sozialerziehung sowie von Umweltbildung und Gesundheitsförderung für eine verantwortungsvolle Teilnahme am Straßenverkehr. Zunehmend setzt sie sich mit Fragen einer zukunftsfähigen Mobilität im Rahmen der Bildung für nachhaltige Entwicklung auseinander.

Inhalte und Ziele sind für die Jahrgangsstufen 1–4:

- Schulwegtraining: Der sichere Schulweg
- Verkehr in der Schul- und Wohnumgebung
- Vorteile des Zu-Fuß-Gehens
- Übungen zur Motorik und zur Wahrnehmung
- Radfahrausbildung
- Verkehrsregeln und soziales Verhalten im Verkehr
- Öffentlicher Personennahverkehr
- Mitfahren im Auto
- Mitfahren in Bus und Bahn
- Umweltfreundliche Verkehrsmittel (vgl. ebd., 5).

Themen für die Jahrgangsstufen 5–10 sind:

- Der sichere Schulweg
- Fahrrad und Umwelt, Fahrrad und Verkehrsgestaltung
- Selbstständige Benutzung des öffentlichen Personennahverkehrs
- Kennenlernen des Personenfernverkehrs
- Einstieg in den motorisierten Verkehr (Mofa, Elektrorad)
- Mobilität und Sozialverhalten
- Verkehr und Recht
- Alkohol und Drogen im Straßenverkehr
- Verkehr, Umwelt und Klima
- Alternative Antriebstechniken und Fahrzeuge
- Formen der Mobilität
- Ökologische Klassenfahrten (vgl. ebd., 6).

4.1.2 Besonderheiten bei Menschen mit geistiger Behinderung

Im Kontext der Inklusion stellt Mobilität eine relevante Voraussetzung für die selbstbestimmte Teilhabe an gesellschaftlichen Bereichen dar. Allerdings ist für Menschen mit geistiger Behinderung Mobilität oft mit unüberwindbaren Problemen verbunden, weil es Barrieren unterschiedlicher Art und Ausprägung gibt. Menschen mit Behinderungen sind oftmals mobilitätsbehindert; abhängig von Art und Schwere ihrer Beeinträchtigungen und aufgrund der Gefährlichkeit des Straßenverkehrs ist eine selbständige und unabhängige Verkehrsteilnahme manchmal (noch) nicht möglich. Dadurch entstehen für diese Betroffenen Abhängigkeiten von Bezugspersonen, von Transportdiensten, von der Zeit und der Bereitschaft anderer Menschen. Behinderung kann so zur Benachteiligung führen durch die Unfähigkeit, unabhängig am privaten und öffentlichen Leben teilzunehmen. Nimmt man die angestrebten Inklusions- und Teilhabeziele für Menschen mit Behinderungen ernst, dann ist eine Vorbereitung auf die selbständigere Teilnahme am Straßenverkehr unverzichtbar (vgl. Stöppler 2014; 2015).

Pädagogische Konsequenz ist die Durchführung einer entsprechenden Mobilitäts- und Verkehrserziehung, die Kinder mit Behinderungen frühzeitig, d. h. schon im Kindergartenalter, Schritt für Schritt auf eine selbständigere Teilnahme am Straßenverkehr vorbereitet (vgl. Stöppler 2002; 2011; 2014; 2015).

Inhalte/Ziele
Zentrales Ziel der Mobilitätsförderung bei Menschen mit (geistiger) Behinderung ist die Förderung der verkehrsspezifischen Kompetenzen, da diese oftmals beeinträchtigt sind. Dazu zählen visuelle und auditive Wahrnehmung, Aufmerksamkeit, Reaktion, Gedächtnis, Motorik, Kommunikation, soziale Kompetenzen, Kognition sowie Interaktion (vgl. Stöppler 2011, 1 ff.). Neben der Förderung der

verkehrsspezifischen Kompetenzen, gilt es, Kinder und Jugendliche mit und ohne Behinderungen in der Mobilitätsförderung auf ihre individuellen Rollen der Verkehrsteilnahme vorzubereiten.

Mögliche Rollen der Verkehrsteilnahme stellen dar:
- In privaten Pkw/Beförderungsdiensten mitfahren
- Zu Fuß gehen
- ÖPNV benutzen
- Fahrrad fahren (vgl. Stöppler 2015, 54).

Bei der Vorbereitung auf die o. a. Rollen der Verkehrsteilnahme ergeben sich vielfältige Inhalte und Ziele, die im pädagogischen Puppenspiel anschaulich dargestellt werden können.

MitfahrerIn im privaten Pkw
Im Vordergrund der Unfallursachen der Pkw-Insassen steht die mangelnde Sicherheit der Kinder. Es ergeben sich folgende Lernziele:
- Sicheres Einsteigen in einen Pkw
- Sicheres Aussteigen aus einem Pkw (nur zur Gehwegseite; Fahrbahn erst bei freier Sicht überqueren)
- Bedeutung von Sicherheitseinrichtungen im Pkw erkennen
- Spezielle Sicherheitseinrichtungen (Rückhaltesysteme, Sitzerhöhungen, Sicherheitsgurte) nutzen
- Sicherung auch in Fahrgemeinschaften.

FußgängerIn
Die Verkehrsbeteiligungsrolle als FußgängerIn hat bei Menschen mit Behinderungen ebenfalls einen hohen Stellenwert. Gehen ist die Form der Verkehrsteilnahme, die fast jeder ausführt; dementsprechend ist der Fußgängerverkehr eine alle Menschen betreffende, relativ einfache sowie im Nahbereich immer zu nutzende Verkehrsart. So ist jeder zumindest in Teilstrecken jedes Weges zu Fuß unterwegs. Folgende Lernziele bieten sich an:

- Gehen auf dem Fußweg
- Überqueren der Straße an einer Ampel
- Überqueren der Fahrbahn an einem Zebrastreifen
- Überqueren der Fahrbahn an ungesicherten Stellen.

Fahrrad fahren
Das Fahren mit dem Fahrrad ist für viele Menschen eine attraktive und ökologische Form der Verkehrsbeteiligung und der Freizeitgestaltung. Aufgrund der hohen Anforderungen gilt es, vielfältige vorbereitende Übungen im Schonraum durchzuführen und auf gefährliche Situationen im Straßenverkehr vorzubereiten. Es ergeben sich folgende Inhalte und Ziele:

- Vorbereitende praktische Übungen im Schonraum: Holen des Fahrrades, Schieben, Bremsen, Abstellen
- Fahrpraktische Übungen im Parcours: Anfahren, Kurvenfahren, Spurbrett, Kreisel, Achter fahren etc.
- Vorbereitung auf Situationen im Straßenverkehr: Losfahren, auf dem Radweg fahren, eine Fahrbahn überqueren, nach rechts/links abbiegen.

Öffentliche Verkehrsmittel benutzen
Mit der Benutzung öffentlicher Verkehrsmittel vergrößert sich der individuelle Aktionsraum, was für Menschen mit (geistiger) Behinderung, die keinen Führerschein besitzen, von großer Bedeutung ist. Folgende Ziele und Inhalte bieten sich an:
- Weg zur Haltestelle
- An einer sicheren Stelle warten
- Einsteigen
- Einen sicheren Platz aufsuchen
- Sich im Bus angemessen verhalten
- Rechtzeitig zur Tür gehen
- Aussteigen
- Den Zielort aufsuchen (vgl. Stöppler 2014, 140 f., Stöppler 2015, 55 ff.).

4.2 Gesundheitsförderung

4.2.1 Inhalte und Ziele

Gesundheit ist eine der wichtigsten Voraussetzungen und Ressourcen zur Bewältigung der Anforderungen des Lebens und zur Teilhabe. Bei Umfragen bezüglich der wichtigsten Güter steht Gesundheit – noch vor Arbeitsplatzsicherung und finanzieller Sicherheit – oft an erster Stelle (vgl. Haveman/Stöppler 2014, 17).

Gesundheitsförderung stellt gemäß den Empfehlungen zur Gesundheitsförderung in der Schule (vgl. KMK 2012 b) ebenfalls eine übergreifende Bildungs- und Erziehungsaufgabe der Schule dar. Themen und Handlungsfelder zur schulischen Gesundheitsförderung und Prävention, die im Unterricht alters- und zielgruppengerecht sowie schulform- bzw. schulstufenspezifisch integriert werden sollen:

- Ernährungs- und Verbraucherbildung einschließlich Schulverpflegung
- Bewegungs-, Spiel- und Sportförderung
- Sexualerziehung und Prävention von sexuell übertragbaren Krankheiten
- Hygieneerziehung und Schutz vor übertragbaren Krankheiten
- Prävention von Abhängigkeitsverhalten
- Mobbingprävention und soziales Lernen
- Stressprävention und Selbstmanagement
- Lern- und Arbeitsplatzgestaltung sowie Gesundheitsmanagement

- Gesundheit der Lehrkräfte und des sonstigen schulischen Personals
- Lärmprävention
- Sicherheitsförderung und Unfallschutz
- Spiel- und Ruhebereiche in Gebäuden und auf Schulhöfen (vgl. KMK 2012 b, 5 f.).

4.2.2 Besonderheiten bei Menschen mit geistiger Behinderung

Menschen mit geistiger Behinderung haben häufiger mehrere Erkrankungen und zusätzliche Gesundheitsstörungen als nichtbehinderte Menschen. Die Erkrankungsmuster können sich unterschiedlich äußern und mit der Ursache der Behinderung zusammenhängen (vgl. Haveman/Stöppler 2014, 69). Viele Menschen mit geistiger und körperlicher Behinderung leben mit komplexen Mehrfachbehinderungen und Multimorbidität (vgl. Bundesverband Evangelische Behindertenhilfe 2001). Ursachen für ein erhöhtes Gesundheitsrisiko bestehen bei Menschen mit geistiger Behinderung weiterhin in ausgeprägten Einschränkungen der Wahrnehmungs- und der Kommunikationsfähigkeit bezüglich gesundheitlicher Beeinträchtigungen, fehlenden sozialen Netzwerken und Zugangsbarrieren zum Gesundheitssystem (vgl. Haveman/Stöppler 2014, 240 ff.). Angesichts des skizzierten Gesundheitsrisikos und den besonderen Anforderungen an die gesundheitliche Versorgung haben Menschen mit geistiger Behinderung einen höheren Bedarf an Gesundheitsförderung.

Im Folgenden sollen aufgrund der o. a. Aspekte der Bedeutung sowie ausgewählte Inhalte und Ziele der Zahngesundheits-, Ernährungserziehung, Suchtprävention und Prävention sexueller Gewalt beschrieben werden.

Zahngesundheitserziehung
Menschen mit geistiger Behinderung sind im Vergleich zur Gesamtbevölkerung häufiger von Zahnerkrankungen wie z. B. Parodontose, Karies und Zahnverlust betroffen. Der Zahnarztbesuch kann zudem einen erhöhten zeitlichen und organisatorischen Aufwand sowohl für den/die ÄrztIn als auch für PatientInnen, Eltern und BetreuerInnen bedeuten.

Inhalte/Ziele
- Regelmäßige Zahnreinigung
- Vorbereitung auf den Zahnarztbesuch
- Richtige Wahl von Nahrungsmitteln (vgl. Stöppler/Wachsmuth 2010, 116).

Ernährungserziehung
Menschen mit geistiger Behinderung weisen einen schlechteren Ernährungsstatus auf, des Weiteren ist z. B. eine erhöhte Prävalenz von Übergewicht und Adipositas nachweisbar.

Inhalte/Ziele
- Vermittlung von Grundkenntnissen über den Körper
- Vermittlung von Kenntnissen über das Verdauungssystem
- Sensibilisierung für gesunde Ernährung
- Einteilung der Nahrungsmittel in grün (gesund), gelb (mäßig gesund), rot (ungesund)
- Zubereitung gesunder Mahlzeiten (vgl. ebd., 117).

Suchtprävention
Suchtprävention stellt ein besonders bedeutsames Thema der Gesundheitsförderung und Prävention, auch bei Menschen mit geistiger Behinderung, dar. Menschen mit geistiger Behinderung sind im Allgemeinen genauso gefährdet, eine Suchterkrankung zu entwickeln wie nichtbehinderte Menschen auch. Einige Faktoren können sogar einen Suchtmittelmissbrauch fördern, z. B. ein höheres Maß an Selbstbestimmung und Autonomie, vermehrte soziale Isolation sowie Gefahren aufgrund der u. U. vorliegenden Angewiesenheit auf Medikamente etc.

Inhalte/Ziele
- Vermittlung von Kenntnissen über Suchtursachen und -folgen sowie Prävention
- Informationsvermittlung über die Folgen des erhöhten Konsums von Alkohol, Nikotin, Drogen etc.
- Simulieren von Kurzzeitwirkungen und Ausfallerscheinungen bei Alkoholgenuss (z. B. durch eine entsprechende Brille)
- Kennenlernen von gut schmeckenden nichtalkoholischen Getränken etc. (vgl. Klein 2016; Stöppler/Wachsmuth 2010, 118).

Prävention sexueller Gewalt
Ein wichtiges Thema der Gesundheitsförderung stellt auch die Prävention sexueller Gewalt dar. Menschen mit geistiger Behinderung stellen eine besonders gefährdete Personengruppe für sexuellen Missbrauch und Gewalt dar. Der sexuelle Machtmissbrauch kann durch folgende Faktoren begünstigt werden: geringere Hemmschwelle bei TäterInnen (aufgrund der geistigen Behinderung des Opfers), Abhängigkeit, mangelndes Selbstbewusstsein des Opfers, körperliche und verbale Wehrlosigkeit, fehlendes Wissen sowie mangelnde Aufklärung und Informationsdefizite (vgl. Haveman/Stöppler 2014, 309 f.).

Inhalte/Ziele
- Stärkung des Selbstwertgefühls
- Förderung der Gefühlwahrnehmung
- Differenzieren zwischen angenehmen und unangenehmen Berührungen
- Recht, NEIN sagen zu dürfen
- Unterscheiden zwischen angenehmen und unangenehmen Geheimnissen

- Aufzeigen von Möglichkeiten, um Hilfe zu holen (vgl. Schmetz/Stöppler 2007, 70 f.; Stöppler/Wachsmuth 2010, 140 f.).

4.3 Sozialerziehung

4.3.1 Inhalte und Ziele

Soziale Kompetenzen sind auch in vielen thematischen Bereichen eine zentrale Voraussetzung und Schlüsselqualifikation; insbesondere im Alltags- und Berufsleben sind sie eine der wichtigsten Schlüsselqualifikationen. Sozial kompetentes Handeln ist zentrale Voraussetzung zur Integration und Teilhabe in die Gesellschaft. Im Puppenspiel können Möglichkeiten des sozialen Handelns, z. B. Hilfsbereitschaft, Toleranz und Rücksichtnahme, entwickelt werden.

4.3.2 Besonderheiten bei Menschen mit geistiger Behinderung

Soziale Kompetenzen zählen im Bereich der Mobilität zu den zentralen verkehrsspezifischen Kompetenzen (vgl. Stöppler 2002; 2009). Der Themenbereich wird in vielen Lehrplänen für die Schule mit dem Förderschwerpunkt geistige Entwicklung berücksichtigt (vgl. Bayerisches Staatsministerium für Unterricht und Kultus 2003, 46 ff.; Hessisches Kultusministerium 2013, 21 ff.; Ministerium für Kultus, Jugend und Sport Baden-Württemberg 2009, 183 ff.; Niedersächsisches Kultusministerium 2007, 82 ff.).
Die Entwicklung des Selbstbewusstseins ist besonders häufig bei Mädchen und Frauen mit geistiger Behinderung beeinträchtigt und sollte durch schulische und außerschulische Maßnahmen gestärkt werden.

Stöppler (2011, 16) teilt den Themenbereich der Sozialerziehung in folgende Ziele auf: eigene und andere Gefühle erkennen und verstehen, Erschließen von Handlungsabsichten und -motiven, Finden von Handlungsmöglichkeiten und Vorhersehen der Folgen, Verantwortlichkeitsattribution, moralisches Urteil sowie Verständnis sozialer Konventionen.

Eigene und andere Gefühle erkennen und verstehen
Grundlegende Voraussetzung der Förderung sozialer Kompetenz ist das Erkennen und Verstehen eigener und anderer Gefühle. Eine kompetente Gefühlswahrnehmung trägt auch dazu bei, Situationen einzuschätzen und entsprechend zu handeln.

Inhalte/Ziele:
- Gefühle unterscheiden.

Erschließen von Handlungsabsichten und -motiven
Sozial kompetentes Verhalten setzt voraus, sich in die Handlungsplanung anderer Menschen hineinzuversetzen und die Perspektiven und Handlungsmotive zu erkennen.

Inhalte/Ziele
- Verhalten und Absicht anderer einschätzen
- Hineinversetzen in die Lage anderer
- Erkennen, dass andere zu sehen nicht automatisch bedeutet, auch von diesen gesehen zu werden
- Betrachtung einer sozialen Situation aus verschiedenen Perspektiven.

Finden von Handlungsmöglichkeiten und Vorhersehen der Folgen
In diesem Kontext ist es bedeutsam, zwischen sicheren und gefährlichen Handlungssituationen zu unterscheiden und die Folgen der Handlungen vorauszusehen. Ebenfalls sollten die sozialen Verhaltensweisen Frustrationstoleranz und Ambiguitätstoleranz Berücksichtigung finden.

Inhalte/Ziele
- Richtiges Verhalten in uneindeutigen Situationen wählen
- Aufbau von Frustrations- und Ambiguitätstoleranz.

Verantwortlichkeitsattribution
Sozial kompetentes Verhalten impliziert auch verantwortliches Handeln und die Erfüllung von Pflichten, weiterhin Rücksichtnahme und Hilfsbereitschaft, vor allem gegenüber schwächeren MitbürgerInnen (Kindern, alte Menschen, Menschen mit Behinderungen).

Inhalte/Ziele
- Erkennen und Berücksichtigen von Verantwortung für andere
- Partnerschaftliche Verhaltensweisen.

Moralisches Urteil
Auch moralische Sachverhalte sind bei der Teilnahme am Straßenverkehr von großer Bedeutung, wie z. B. die Diskriminierungsleistung für Richtig und Falsch, Recht und Unrecht, also Moralkompetenz.

Inhalte/Ziele
- Erkennen und Unterscheiden von richtigen und falschen Verhaltensweisen.

Verständnis sozialer Konventionen
Dazu gehört das Verstehen und Einhalten bestimmter Regelwerke, z. B. Spielregeln beim Spiel eines Gesellschaftsspieles oder Verkehrsregeln bei der Teilnahme am Straßenverkehr.

Inhalte/Ziele:
- Kennenlernen und Anwenden von Spielregeln (vgl. Stöppler 2011, 16).

II Praxisteil

„Der Puppenspieler ist ein wirklicher Animator. Er bringt das Leben in die Puppe. [...] Sobald der Spieler aber die Hand abzieht oder die Fäden kappt, ist die Puppe wieder, was sie vordem war: ein totes Bündel aus Pappmaché, Draht und bunten Lumpen" (Zauleck 2014, 22).

5. Tipps und Tricks zur Führung von Klappmaulfiguren

Die folgenden Ausführungen dienen dem Erlernen erster Grundlagen für das Puppenspiel mit großen Klappmaulfiguren. Die Puppen können sowohl von Puppenspielerteams als auch von EinzelspielerInnen verwendet werden.

Abb. 14: Zwei Puppen (© Living Puppets)

5.1 Grundlagen

5.1.1 Handführung

Bei den **Grundlagen** der Führung von Klappmaulfiguren gibt es einige Besonderheiten zu beachten, damit die Klappmaulfigur richtig zur Geltung kommt. Im Folgenden werden einige Tipps und Tricks angeführt, die dazu beitragen, die Faszination der Figur zu steigern.

Wenn die Figur gespielt wird, sollte die „Führungshand" (i. d. R. die rechte Hand) im rechten Handschuh stecken. Die Gestik kommt dann wie selbstverständlich mit dieser Hand, weil so die natürlichen Handbewegungen benutzt werden, die jeder Mensch normalerweise mit seiner Führungshand durchführt. Dadurch werden das Spiel erleichtert und Ressourcen gespart, die das Gehirn für den gleichzeitigen Stimmeinsatz, die synchronen Mundbewegungen sowie für die Einhaltung des Drehbuches benötigt.

Die andere Hand wird in das Klappmaul gesteckt und dient der Kopfführung und den Maulbewegungen, wenn die Puppe spricht.

Abb. 15: Gestik 1 (© Living Puppets)

Abb. 16: Gestik 2 (© Living Puppets)

Falls man bei der Aufführung sitzen möchte, sollte man sich einen Drehstuhl ohne Armlehnen aussuchen, damit in alle Richtungen agiert werden kann. Hierzu wäre ein Drehhocker ideal. Als Sitzposition empfiehlt es sich, diagonal zum Publikum zu sitzen, damit man bei Bedarf den Kopf der Figur nach rechts und links drehen kann. Das Handgelenk der Hand im Kopf sollte dabei geradeaus zur Mitte des Publikums zeigen. Auf einem normalen Stuhl sitzt man am günstigsten weit vorn. So kann man sich mit seinem ganzen Körper nach links wenden, wenn man mit der Puppe weit nach links gucken muss, denn das Handgelenk ist nicht so flexibel.

Wie oben angeführt, kann die Puppe im Maul und in einem Arm geführt werden. Je nach Spielsituation ist es jedoch auch möglich beide Arme einzusetzen. Dazu werden beide Arme bespielt, der Kopf wird vernachlässigt. Diese Variante kommt aber sehr selten zum Einsatz, denn es besteht die Gefahr, dass der Kopf der Puppe nach vorne fällt. So denkt das Publikum, dass die Figur nach unten schaut.

Abb. 17: Gestik 3 (© Living Puppets)

Abb. 18: Von zwei Personen gespielt 1 (© Living Puppets)

Abb. 19: Von zwei Personen gespielt 2 (© Living Puppets)

Letztendlich kann eine Figur auch von zwei SpielerInnen gleichzeitig bespielt werden: Eine Person bedient die Arme der Figur, während die andere Person die Kopfführung übernimmt.

Dies sollte zuvor gut trainiert werden, damit eine synchrone Bewegung zwischen dem Kopf (der Sprache) und der Gestik der Hände gewährleistet wird.

Die den Kopf spielende Person sollte dabei die Figur sprechen lassen, damit die Synchronisation zwischen Stimme und Maulbewegung gewährleistet wird.

5.1.2 Bühne

Grundsätzlich sind solche Figuren nicht für die Spielleiste bei einer Guckkastenbühne geeignet, da dies Verrenkungen des Handgelenkes zur Folge hätte. Nur durch extreme Krümmung des Handgelenks nach unten ist der Figur ein Blickkontakt möglich. Zudem brauchen diese Figuren auch genügend Raum, um wirken zu können. Im Ausnahmefall können zwei Figuren auf der Spielleiste sitzen und ein Gespräch führen. Ein solcher Figurendialog darf aber nicht zu lang werden, sonst wird dem Publikum genauso schnell langweilig wie bei einem zu langen Vortrag. Als „Bühne" in Bauchhöhe kann ein Tisch (Schulbank oder Tapeziertisch bzw. ein höhenverstellbares Bügelbrett) benutzt werden, auf der die Figur gehen kann. Insbesondere Bügelbretter oder Tapeziertische sind leicht transportabel und mit einer rauen Oberfläche gut geeignet. Falls die Tische eine glatte Oberfläche haben, besteht die Gefahr, dass die Füße der Figur darüber rutschen und die Figur zu schweben scheint. Um dies zu vermeiden, können glatte Tische mit einem schweren, unifarbenen Vorhangstoff belegt werden; z. B. wirkt ein schwarzer Stoff wie eine asphaltierte Fläche, während grüner Stoff eine Rasenfläche darstellen kann. Zusätzlich können dort Requisiten (Stühle, Roller, Fahrräder, Blumen, Kisten, Mülleimer, Taschen etc.) abgestellt werden, die das Spiel beleben.

Als Auf- und Abgehhilfen haben sich faltbare Wände (Scherenwände) oder aufgehängte Tücher bewährt, die die puppenführende Person und die Puppe verdecken, solange diese Figuren nicht im Stück gespielt werden. Falls keine entsprechenden Hilfen zur Verfügung stehen, kann sich die puppenführende Person vom Publikum wegdrehen und dabei die Puppe (mit dem eigenen Körper) verdecken. Wichtig ist dabei, dass sich Person und Puppe in dieser Zeit absolut passiv verhalten, denn faktisch sind sie noch nicht bzw. nicht mehr auf der Bühne. Erst wenn die Puppe (wieder) ins Geschehen eingreift, dreht sich die puppenführende Person langsam in Richtung Bühne ein, wodurch die Figur erscheint und sofort in Richtung Publikum gespielt werden kann. Hierbei ist wichtig, dass die Figur sofort nach dem Erscheinen mit einem „trockenen Toc" „geerdet" wird. Das bedeutet, dass sie möglichst schnell einen festen geraden Stand hat. Es sieht unrealistisch aus, wenn die Figuren schweben oder – vor dem Bauch getragen – in der Luft herumschlenkern. Eine einzelne Figur kann, wenn nur das Maul bespielt wird, auf dem angewinkelten anderen Arm sitzend, im Raum herumgetragen werden.

5.2 Blickkontakt

Puppe

Für die Aufnahme einer Beziehung zwischen dem Publikum und der Figur ist in erster Linie der Blickkontakt verantwortlich. Er entscheidet darüber, ob das Publikum sich mit der Figur identifiziert und die Puppe ihr Gegenüber in ihren Bann zieht. Dazu ist es wichtig, dass die Figur immer die Person anschaut, mit der sie redet. Beim ersten Auftritt sollte die Figur nacheinander den Blickkontakt zu einzelnen Personen im Publikum suchen oder den Blick langsam im Publikum schweifen lassen, bevor sie Textpassagen spricht (s. Abb. 20, S. 48).

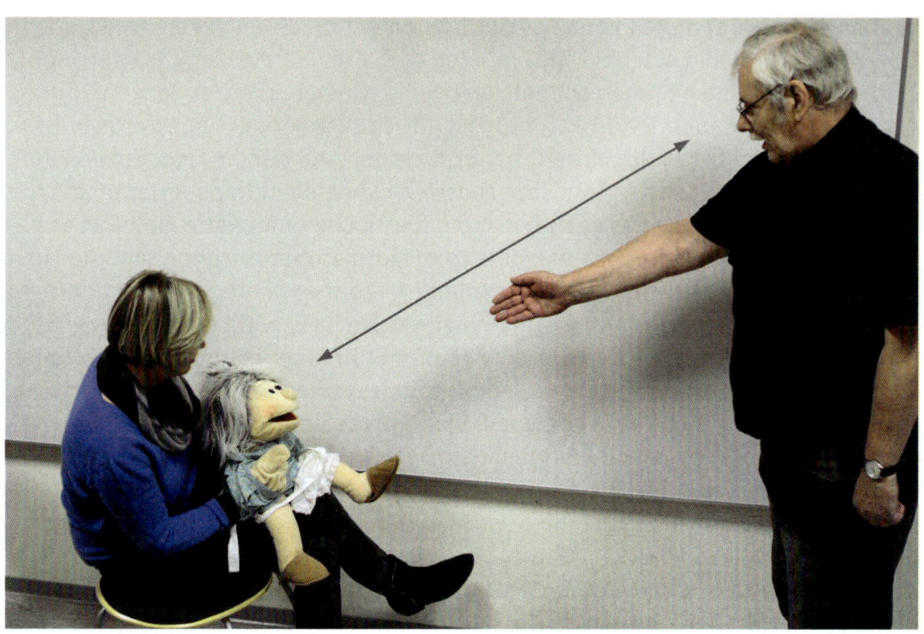

Abb. 20: Blickkontakt (© Living Puppets)

PuppenspielerIn

Der Blickkontakt der Akteure hat **immer nur zur eigenen Figur** zu erfolgen. Dies gilt auch beim Spiel mit mehreren Akteuren oder Figuren. Bitte **niemals** als eigene Person in das Publikum schauen, da das Publikum ansonsten den Blickkontakt zur Person aufnimmt und dadurch der Kontakt zur Figur sofort abreißt. Auch sollte nicht zu der Figur der Mitspielerin oder des Mitspielers geschaut werden, wenn diese spricht. Wenn der eigene Blick springt, wird die eigene Figur meist rasch „vergessen“; die erforderliche Körperspannung wird nicht mehr gehalten. Beim interaktiven Spiel in großen Räumen oder vor großem Publikum sollte der/die PuppenspielerIn den/die GesprächspartnerIn der anderen Figur nur durch peripheres Sehen erfassen und durch den Blickkontakt der Puppe verstärken. Die puppenführende Person muss völlig in den „Hintergrund“ geraten. Nur die Figur tritt in den Vordergrund und erhält „eigenständiges Leben“.

5.3 Puppen zum Leben erwecken

5.3.1 Biografie und Charakter

Im Puppenspiel müssen auch die Figuren einen klar definierten Charakter bzw. erkennbare Eigenschaften haben, denn das Publikum will klar umrissene Typen erkennen können. Habitus und Sprache, Marotten oder Bewegungen sollten einzigartig sein – nur so wirkt jede Figur authentisch.

Eine Biographie umfasst alle wichtigen Daten und Ereignisse einer Person. Wann ist sie geboren, wer sind ihre Eltern (wie alt, Berufe, Hobbys?), Geschwister (jünger, älter, Namen, Bruder, Schwester?), Familienstand (verheiratet, ledig, geschieden?), welche Schulbildung (Lieblingsfächer, wie heißt die Schule/LehrerIn?), welche FreundInnen hat sie, gibt es Haustiere, welche Ausbildung macht oder hat sie absolviert, wo wohnt sie (Sozialumfeld), welche herausragenden Ereignisse gab es, welche Fähigkeiten, Probleme hat sie – es ist praktisch ein sehr ausführlicher Lebenslauf. Jede Puppe in einem Puppenstück benötigt zumindest eine Minimallegende mit den wichtigsten Eckdaten. Führt man nur eine Figur, kann man zu einem Großteil seine eigene Biografie verwenden. Zusätzlich wird die Figur mit der für sie typischen Stimme/Sprechweise belegt, ebenso mit den für ihren Charakter typischen Emotionen. Jeder/jede SpielerIn muss zu jeder Zeit alles über seine Figur wissen (Backgroundwissen), sonst kann er/sie nicht sicher in der jeweiligen Rolle agieren. Er/sie denkt, fühlt und handelt wie seine/ihre Figur und bildet eine Einheit mit ihr. Innerhalb der Rolle führt er/sie nicht nur die Figur – er/sie ist die Figur! Dennoch „schludern" viele PuppenführerInnen und glauben, eine Figurenlegende sei entbehrlich, es sei nur unnötige Arbeit. Die Wichtigkeit einer derart intensiven Legende wird erst deutlich, wenn ein/eine SpielerIn innerhalb eines Stückes mehrere Figuren hintereinander führen muss oder gar zwei Figuren gleichzeitig spielt. Auch Zwischenfragen von Kindern im Publikum (z. B. „Wie heißt Deine Lehrerin?") können einen rasch aus der Fassung bringen, wenn man für die Antwort erst überlegen muss, weil dies nicht Teil der Legende war. Innerhalb der schnellen Wechsel durch Dialoge der Figuren untereinander muss der/die SpielerIn sehr schnell von der einen zur anderen Rolle springen können und sofort sicher in ihr sein – sonst kommt es zu Irritationen (die Figur ist für das Publikum nicht klar, das Spiel verwischt oder die Stimmen verschieben sich gar) und das Spiel erfordert eine derart hohe Konzentrationsleistung, dass es zu Lasten von Puppenführung, Spielraumausnutzung oder dem Abliefern von klaren Bildern geht. Qualität im Puppenspiel erfordert von SpielerInnen einen hohen Input im Vorfeld – erst dadurch kann auch ein hoher Output erfolgen und das Publikum wird dem Spiel gern zusehen.

5.3.2 Atem

Die Beziehung zur Figur entsteht hauptsächlich durch den Blickkontakt. Daneben gibt es kleine Tricks, die eine Figur noch lebendiger erscheinen lassen. Jeder Mensch atmet; aus diesem Grund muss auch die Figur „beatmet" werden, denn zumindest in den Augen der Kinder lebt sie und muss demnach auch atmen. Wenn die Puppe z. B. schläft, muss sich der Brustkorb bewegen. Insbesondere wenn eine Figur passiv auf der Bühne ist, weil ihr Gegenüber gerade spricht, darf die in Warteposition befindliche Puppe nicht „den kleinen Tod sterben", indem sie völlig starr wird – sie muss zumindest atmen. Auch wenn die Figuren im Spiel gerannt sind, muss der Atem deutlich hörbar sein, z. B. hecheln, damit das Spiel glaubhaft wird. Dazu nutzt man seinen eigenen Atemrhythmus und gibt diesen über Arm und Hand in die Figur hinein. Bewusst kann man dies in Zeiten einsetzen, in der die Figur passiv ist, z. B. beim Zuhören oder wenn die Puppe schläft. In dieser Situation wäre es auch gut, die Puppe situationsangepasst gähnen oder diese leicht den Kopf bewegen zu lassen.

Klappmaulfiguren können stehen, sitzen, springen, tanzen und noch vieles mehr. Die Tätigkeiten sollten einfach mal ausprobiert und auf die Wirkung der Figur vertraut werden. Gehen können sie jedoch nicht gut – vor allem nicht auf einer glatten Oberfläche. Figuren mit „schweren Füßen" können auf einem rutschsicheren Stoff einigermaßen gut laufen. Dabei können auch schon mal die Hände aus dem Handschuh oder dem Maul herausgeholt werden, um so, mit der freigewordenen Hand, die Füße oder gar den Körper zu bewegen. Hiermit können tolle Bilder geschaffen werden, die gemäß Erfordernis der Szene einsetzbar sind. Die Figuren sollten jedoch auch beim Laufen nicht in der Luft hängen. Wenn die Figur z. B. auf Gedankenreise geht (innere Monologe), kann sie im Maul hochgehoben werden. Sie entrückt damit bildlich von dieser Welt. Die andere Hand gehört dann unter die Füße, damit trotzdem eine „Erdung" erfolgen kann, oder die Figur muss auf dem angewinkelten Spielerarm sitzen, wenn nur das Maul bedient wird.

Jede Figur spielt sich anders. Daher sollte man nicht einfach eine Figur per Internet bestellen, sondern möglichst zunächst ausprobieren, ob man mit der Puppe gut zurechtkommt. Gegebenenfalls sollte die Figur „modifiziert" werden. Vor allem, wenn das Maul zu weich ist, kann es hilfreich sein, den „Mund-Innenraum" der Figur zu verstärken (z. B. mit einem halben runden Bierdeckel, Kunststoff oder festem Filz), damit bessere Klappmaulbewegungen möglich sind. Oft genügt schon das Tragen von Stoff- oder genoppten Gartenhandschuhen, um einen besseren Halt im Klappmaul zu bekommen. Eine Brille, eine Mütze, ein Bart, eine Kappe, eine andere Jacke (z. B. aus der Kinderbekleidungsabteilung) und schon erhält die Figur eine völlig andere Identität und kann danach anders bespielt werden. Des Weiteren können die Füße beschwert werden, damit die Puppe besser steht. Alles, was dazu dient, die eigene Spielfreude zu steigern, sollte man ausprobieren und letztendlich, wenn es sich bewährt hat, auch einsetzen.

5.3.3 Gestik und Emotionen

Damit die „Gestik-Hand" der Figur nicht immer unter ihrem Hals hängt oder auf ihrer Brust liegt, sollten möglichst situationsangepasste Gesten benutzt werden. Falls ein Stück einstudiert wird, ist es sehr hilfreich, dieses Stück zunächst als Menschentheater oder mit Pantomimenpuppen, d. h. ohne jede verbale Äußerung, zu spielen. Hierbei ist man auf eine sehr eindeutige Gestik angewiesen, damit auch ohne Sprache deutlich wird, worum es geht. Zusätzlich kann man das Stück mit einer Kamera auf Video aufnehmen und sich so selber kontrollieren. So lassen sich schnell die Gesten der Figur auf Stimmigkeit überprüfen (vgl. Kap. 5.7).

Puppen haben den Nachteil, dass sie ein immer gleichbleibend freundliches Gesicht haben. Hier bieten Klappmaulfiguren große Vorteile, vielfältige Gefühle zu spielen.

Ärger/Wut:
Wenn man die Hand im Klappmaul z. B. zur Faust ballt und die Finger nach hinten zieht, entsteht leicht ein verärgerter Gesichtsausdruck. Die geballte Faust steht für eine Wut-Geste.

Freude:
Hier bietet es sich an, das Klappmaul leicht zu öffnen, etwas nach oben zu schauen und den Arm jubelnd nach oben zu strecken.

Trauer:
Nase hochziehen, Taschentuch einsetzen, Nase putzen mit den entsprechenden Bewegungen, Geräuschen und „Beatmungen".

Weinen:
Da die Augen einer Klappmaulfigur immer geöffnet sind, sollte hier der Kopf leicht fortgedreht und gesenkt werden. Durch das Verdecken der Augen mit der Puppenhand wird die Tränenflüssigkeit simuliert. Hier bietet sich auch wieder der Einsatz eines Taschentuches an, um die „Tränen" fortzuwischen. Selbst ein Papiertaschentuch wird auf diese Weise zu einem wichtigen und eindeutigem Requisit.

Abb. 21: Trauriges Mädchen (© Living Puppets)

Abb. 22: Polizeiliches Puppenspiel (Puppenbühne Reutlingen o. J.)

Man sollte sich in **jeder** Spielsituation mental in die Stimmung der Figur in der jeweiligen Rolle hineindenken. Um die Puppe glaubwürdig zu spielen, muss man sich gedanklich genau in die Emotion versetzen, die die Puppe gerade angeblich hat. Wenn dies gut gelingt, springt der Funke leicht zum Publikum herüber. Kommen dann zur Stimmung noch passende Gestik und stimmige emotionale Geräusche hinzu, so wird aus einem Stück Stoff eine „lebende" Puppe.

5.4 Bewegung des Klappmauls

Beobachten Sie bitte einmal aufmerksam Menschen, wenn diese sprechen. Dabei wackelt auch nicht ständig der Kopf (sogenanntes Kopfnicken-Sprechen) von oben nach unten. Geringe Bewegungen des Kopfes sind ausreichend, da die Bewegungen der Puppenhaare dem Publikum genügend Bewegungsimpulse zeigen. Kleine Bewegungen des Klappmauls der Figur sind völlig ausreichend, um das Sprechen anzudeuten. Stärkere Maulöffnungen sind lediglich bei einem Schrei (Hilfe), bei Bewunderung (Bohhh) oder bei besonders betonten Vokalen (Da, Du, etc.) nötig. Fast alle Klappmaulfiguren verfügen über eine Zunge. Diese kann völlig vernachlässigt und nach innen gestülpt werden. Ausnahme: Das Herausstrecken der Zunge gehört zum Spiel. Diesen Gag sollte man jedoch nicht überbewerten und zu oft wiederholen.

Häufige Fehler liegen darin, dass die GesprächspartnerInnen einer Puppe nur in einen großen, geöffneten Mund schauen. Ein weiterer Fehler könnte darin bestehen, dass die Bewegungen des Klappmauls derart stark sind, dass ein Blickkontakt der Puppe zum/zur GesprächspartnerIn nicht mehr möglich ist. Ein zusätzlicher Fehler wäre eine nicht synchrone Bewegung des Klappmauls zur eigenen Sprache. Aus diesem Grund gibt es eine oberste Grundregel: **„Weniger ist mehr"!**

5.5 Stimme SpielerIn

Wenn nur eine Figur geführt wird, kann man meist seine normale Stimme einsetzen. Häufig sieht man in den Medien BauchrednerInnen, die mit sehr großen Klappmaulfiguren (oft auch mit mechanischem Innenleben, um z. B. die Augen gesondert bewegen zu können) arbeiten. Eine zusätzliche Ausbildung als BauchrednerIn ist jedoch nicht erforderlich, da durch den Blickkontakt der Puppe zum Publikum der/die SpielerIn völlig ausgeblendet wird. Ein extremes Verstellen der Stimme ist ebenfalls nicht nötig, dadurch werden nur die Stimmbänder sehr stark belastet und man bekommt sehr leicht Stimmprobleme, wenn zu lange angestrengt gesprochen wird (z. B. in der sogenannten Kopfstimme). Von der „Mittelstimme" aus sollte man maximal eine Tonhöhe nach oben oder unten variieren. Eine Änderung der eigenen Mimik (z. B. gespitzter oder breiter Mund, Kräuseln der Nase o. ä.) bzw. kleine Sprachticks (leichtes Lispeln, Stottern o. ä.) sind hier viel effektiver und machen die Stimme der Puppe interessanter für das Publikum. Vor dem Auftritt sollte man etwas Wasser trinken (um die Mundhöhle zu benetzen) und die Stimme aufwärmen (z. B. durch gurgeln). Wichtig sind vor allem die synchronen Bewegungen des Klappmauls mit den gesprochenen Worten.

5.6 Einfrieren einer Szene

Nach einer gespielten Szene, bei der die Figur einen Denkprozess beim Publikum auslösen sollte, bietet es sich an, die Puppe in einer eindeutigen Gestik „einzufrieren". Bei einem „Freeze" sind PuppenspielerIn und Figur für ca. 3–5 Sekunden völlig regungslos. Sie sind gewissermaßen eingefroren. Dem Publikum wird, wie bei Aus- und Einblendung im Film, die Möglichkeit gegeben, das bisher Gesehene zwischenzuspeichern und Dilemma-Auswege oder Problemlösungen vorzudenken. Es ist empfehlenswert, die Präsentation mit einem selbsterklärenden Schlussbild enden zu lassen. Dagegen ist es weniger optimal, wenn die Puppe (oder gar der/die SpielerIn) beim Publikum ansagen muss, dass nun Ende ist. Wenn man gar nicht weiß, wie man „aus der Nummer wieder herauskommt", dann können die Puppen/kann die Puppe auch am Schluss in ein „Freeze" gehen. Der Blick des/der SpielerIn bleibt aber auch hier noch bei der Figur. Spätestens nach ca. acht Sekunden bemerken die ZuschauerInnen, dass nun nichts mehr kommt und applaudieren. Dann kann das eingefrorene Schlussbild aufgelöst werden.
Wenn die zuvor angeführten Grundregeln eingehalten werden, wird die Figur bei einem selbst und beim Publikum eine Faszination entwickeln, der man sich schwer entziehen kann.

5.7 Sonstige Hinweise

Bekleidung der Spielerin/des Spielers
Im Grunde ist es völlig gleich, welche Kleidung getragen wird. Auch ganz normale Alltagsbekleidung ist möglich, wenn der/die SpielerIn es vollkommen beherrscht, den Blick nur bei der Figur zu belassen. Wenn es sich jedoch vermeiden lässt, dann sollte die Bekleidung nicht die gleichen Farben wie die Hauptfarben der Puppenbekleidung aufweisen. Rot auf Rot sieht man schlecht. Zu empfehlen ist eine möglichst unifarbene dezente Kleidung, damit sich die Figur kontrastreich abhebt, um so den Akzent bei der Puppe zu lassen.

Eigene Reflexion
Es ist ratsam, vor der „Generalprobe" einer geplanten Aufführung das Stück mit einer Videokamera aufzunehmen und sich so zu überprüfen. Man kann sich auch durch PartnerIn, FreundIn, Familienmitglieder oder Bekannte reflektieren lassen. Auch als Laien können diese BeobachterInnen gute Rückmeldungen geben, z. B. wie das Stück auf sie gewirkt hat. Zur eigenen Überprüfung der **Puppenführung** sollte man beim Anschauen der Aufnahme zunächst den Ton abstellen. So kann man – im wahrsten Sinne des Wortes – in Ruhe die Puppenführung anschauen. Zur Überprüfung der Textanteile, der Dialoge – also der **Sprache** – sollte das Bild abgeschaltet werden, damit nur auf den Ton geachtet wird. Hier bemerkt man, ob es beim Einsatz mehrerer Figuren zum Übersprechen gekommen ist, ob man zu schnell oder zu leise spricht, keine Pausen macht oder monoton wirkt. Erst danach sollte man das Video mit Ton und Bild zusammen anschauen, denn sonst überfordern die Gesamteindrücke die Aufnahmefähigkeit.
Zu bedenken ist, dass Videoaufzeichnungen „gnadenlos" sind. Sie zeigen zwar alles Positive, leider aber auch alles „Negative" – besonders im Schnelldurchgang. Man benötigt schon eine erhöhte Frustrationstoleranz, wenn man gut werden möchte. Negative Eindrücke sollten korrigiert, positive Eindrücke beibehalten werden. Wer selbstkritisch vorgeht und jede aufgefallene Kleinigkeit korrigiert, erhöht dadurch den eigenen Qualitätsanspruch. Ein gut geübtes Stück dient der positiven Wirkungsweise des Spiels und steigert das persönliche Selbstvertrauen. Vertrauen darf man aber auch auf die Figur – sie wirkt ganz von allein und zieht alle leicht in ihren Bann.

Einüben des Stückes
Für jedes neue Puppenstück ist es zu Beginn wichtig, den Handlungsablauf und den Text (auswendig) zu können. Bei einer Präsentation kann man nicht vom Drehbuch ablesen, man muss sich auf seine Figur konzentrieren. Geübt wird Szenenweise, also wird zunächst nur die Eingangsszene geübt. Entscheidend ist, dass jede Situation auch ausgespielt wird (ein Puppenstück entwirft Bilder), sonst entwickelt sich das Stück zu einem Figurendialog. Beim Text gilt der Grundsatz: Alles was man sehen oder hören kann, wird nicht gesprochen. Die Puppe muss nicht sagen: „Ich gehe jetzt mal da hin", sie macht es einfach. Ebenso ver-

hält es sich, wenn eine Puppe sagt: „Oh es klingelt!“. Diese überflüssigen Textanteile gilt es in jeder Szene zu identifizieren und zu vermeiden. PuppenspielerInnen nennen diese Satzelemente oft „La-la-Sätze“. Sitzt Szene 1, wird Szene 2 geübt, dann beide zusammen. Ist die dritte Szene eingeübt, werden alle drei Teile geübt usw. bis zur Schlussszene. Von Vorteil ist in jedem Fall die Zeit zu stoppen, um das Stück der kindlichen Konzentrationsspanne entsprechend anzulegen.
Ein Puppenstück sollte je nach Bedingungsfeld der Zielgruppe und dem Alter nicht mehr als 15–45 Minuten dauern. Im Zweifelsfall sollte das Stück lieber kürzer gestaltet sein, denn Zeit lässt sich nicht durch schnelleres Sprechen oder Spielen aufholen, wenn das Stück zu lang geworden ist. Hat man hingegen noch eine Zeitreserve, so sollte man zunächst kritisch prüfen, ob alle Situationen wirklich ausgespielt sind, ehe weitere Inhalte hinzugefügt werden. Zum Erreichen der höchstmöglichen Qualität ist es von grundlegender Bedeutung, das Stück vollkommen zu beherrschen.

Abb. 23: Opa (© Living Puppets)

Abb. 24: Oma (© Living Puppets)

5.8 Besonderheiten bei Menschen mit geistiger Behinderung

Um Menschen mit geistiger Behinderung mit Lese- und Verständnisproblemen das Zuschauen und Verstehen zu erleichtern, ist es wichtig, einige Aspekte zu berücksichtigen, z. B. relevante didaktisch/methodische Aspekte sowie eine barrierefreie bzw. Leichte Sprache.

Unterrichtsprinzipien
Einige der wichtigsten Unterrichtsprinzipien bei Menschen mit geistiger Behinderung sollten berücksichtigt werden.

Prinzipien	Bedeutung
Elementarisierung	Die in der Elementarisierung implizierte Reduktion hat das Ziel, einen fachlichen Sachverhalt so zu vereinfachen, dass er für die Lernenden fassbar wird (vgl. Heinen 1989; Stöppler/Wachsmuth 2010, 51).
Anschaulichkeit	Nach Pestalozzi ist Anschauung das Fundament und der erste Schritt aller Erkenntnis; das Prinzip der Anschaulichkeit ist das bekannteste und vermutlich älteste didaktische Prinzip. Die Notwendigkeit der Anschauung basiert auf lern- und gedächtnispsychologischen Annahmen (vgl. Pietrzyk 2009, 3 f.). Durch unterschiedliche Anschauungsmethoden werden beide Gehirnhemisphären angesprochen. Bei Veranschaulichung im Unterricht durch reale Gegenstände, bildliche Darstellungen, Handpuppen etc. können die Leistungen der SchülerInnen beim Verstehen und Behalten neuen Lernstoffs gesteigert werden (vgl. Kap. 3.2). Auch aus motivationspsychologischer Sicht sind SchülerInnen durch Anschauungsmittel stärker motiviert, sich mit dem Lerngegenstand über einen längeren Zeitraum zu befassen (vgl. Stöppler/Wachsmuth 2010, 51 f.).
Lebensnähe	Lebensnähe bedeutet die Einbezogenheit des Lerninhalts in die konkrete Umwelt und Wirklichkeit. Lebensnaher Unterricht bezieht die aktuelle und zukünftige Lebenswelt der SchülerInnen mit ein (vgl. ebd., 54). Puppen und Puppenspiel erfüllen die genannten Prinzipien hervorragend; die Puppe dient der Anschaulichkeit und Motivation; Puppenstücke können sehr gut nach den Kriterien der Elementarisierung und Lebensnähe gestaltet werden.

Leichte Sprache
„Jeder Mensch kann Texte in Leichter Sprache besser verstehen. Leichte Sprache ist aber besonders wichtig für Menschen mit Lernschwierigkeiten. Leichte Sprache ist auch gut für alle anderen Menschen“ (Mensch zuerst – Netzwerk People First Deutschland e. V. o. J., o. S.).

Leichte Sprache wurde durch die europäische Interessenvertretung von Menschen mit Lernschwierigkeiten, Inclusion Europe, entwickelt. Damit ist eine Sprache bezeichnet, die sich durch einfache und klare Sätze auszeichnet. Berücksichtigt werden sollten: Beschränkung auf eine Aussage, Verwendung von bekannten Wörtern, einfache Satzverbindungen, Vermeiden von Fachwörtern, Formulierung nur eines Inhalts pro Satz, Verwendung von Verben statt Substantiven, Wortwiederholung statt Wortvariation (vgl. Rüstow 2010, 168 ff.).

Die Bedeutung der Leichten Sprache lässt sich anhand eines Beispiels herausstellen:

„Schwere Sprache“	Leichte Sprache
Der Weg zum Puppentheater Wenn Sie zum Puppentheater möchten, dann müssen Sie zunächst die Straßenbahn Richtung Blumensiedlung nehmen und am Rathaus aussteigen. Nach ca. 400 m erreichen Sie den Dom, dort halten Sie sich links und nehmen die zweite Straße rechts. Auf der rechten Seite liegt dann das Puppentheater, dessen Haupteingang finden Sie, wenn Sie auf der linken Seite die Hofeinfahrt passieren.	Der Weg zum Puppen-Theater Mit der Straßen-Bahn: Fahren Sie mit der Linie 8 in Richtung Blumensiedlung: → Bis zur Halte-Stelle Rathaus. Das sind etwas mehr als 10 Minuten. Gehen Sie weiter in die Richtung, in die die Bahn fährt. Nach ungefähr 400 Metern kommen Sie zum Dom. Links neben dem Dom beginnt die Domgasse. Gehen Sie die Domgasse entlang bis Sie rechts in den Pestalozzi-Weg abbiegen können. Nach 5 Minuten ist das Puppen-Theater auf der rechten Straßen-Seite. Es ist die Hausnummer 55. Gehen Sie links um die Ecke. Da ist der Haupteingang.

6 Praxisideen/-vorschläge für das (inklusive) pädagogische Puppenspiel

6.1 Allgemeine Hinweise zur Durchführung von Praxisideen

In Kapitel 4 wurden die Handlungsfelder Mobilitäts- und Verkehrserziehung, Gesundheitsförderung und Sozialerziehung mit ihren entsprechenden Inhalten und Zielen für alle Schulformen beschrieben. Aus diesen Themen- und Lernbereichen können sich Ideen für pädagogische Puppenstücke entwickeln. In diesem Kapitel werden nun Ideen und Vorschläge für die praktische Umsetzung vorgestellt.
Aller Anfang ist schwer, so auch das Entwerfen und Schreiben von Drehbüchern für Puppenspiel-Stücke, die für AnfängerInnen spielbar sind. Relevante Aspekte/ Voraussetzungen für Drehbücher stellen eine klare Gliederung, ein ansprechender Titel sowie ein „roter" Faden der Geschichte dar. Beim pädagogischen Puppenspiel sollten – natürlich stets in Abhängigkeit von der Zielgruppe – Überlegungen zu

- Thematischer Einordnung (vgl. Kap. 4)
- Grob- und Feinlernzielen
- Beteiligten Puppen und ihren Biografien (vgl. Kap. 5.3.1)
- Requisiten

erfolgen.

Die in den Kapiteln 6.2 bis 6.4 vorgestellten Drehbücher berücksichtigen diese Überlegungen. Im Text wird der Auftritt der (Puppen-)DarstellerInnen mit unterschiedlichen Farben, neutrale Erzählungen werden in kursiver Schrift vorgestellt.

6.2 Mobilitäts- und Verkehrserziehung

6.2.1 „Als das Alpaka die Straße überquerte“

Abb. 25: Zirkusfrau und Alpaka an Ampel (© Living Puppets; Alpaca Handpuppe mit freundlicher Genehmigung von FOLKMANIS-PUPPETS / EUROPE)

Zielgruppe:	Inklusive Grundschule/-stufe
Thematische Einordnung:	Mobilitäts- und Verkehrserziehung/Fußgängertraining
Groblernziel:	Erlernen des situationsangemessenen Verhaltens beim Überqueren einer Straße an einer Druckampel
Feinlernziele:	Die SchülerInnen ... ▪ ... finden eine Druckampel. ▪ ... drücken den Schalter der Druckampel. ▪ ... warten, bis das grüne Signal erscheint. ▪ ... überqueren zügig die Fahrbahn.
Beteiligte Puppen:	**Alpaka Lisa, neun Jahre** **Zirkusfrau Britta, 53 Jahre** **Lehrling Renato, 18 Jahre** **Chef Herr Müller-Schrenz, 57 Jahre**
Requisiten:	▪ Sammeldose ▪ Ampel ▪ Kamm ▪ Handtuch ▪ Duschbrause ▪ Föhn ▪ Lockenwickler ▪ Imbiss-Schild

Biografien der Puppen

Alpaka Lisa

- 9 Jahre alt
- Lebt im Zirkus und besucht dort die 3. Klasse der Tiergrundschule
- Hobbys: im Zirkus auftreten, lesen, Skateboard fahren
- Hinweis: Lisa hatte Unterricht zur Verkehrserziehung in der Schule und kennt sich gut mit dem richtigen Verhalten im Straßenverkehr aus.

Zirkusfrau Britta

- 53 Jahre alt
- Arbeitet seit über 20 Jahren im Zirkus
- Kümmert sich um die Tiere
- Hobbys: Musik hören, Boot fahren, fernsehen
- Hinweis: Britta kann an nichts anderes als ans Essen denken, wenn sie Hunger hat.

Lehrling Renato

- 18 Jahre alt
- Ist im dritten Lehrjahr zum Friseur
- Hobbys: Haustiere, Computer-Spiele, mit Freundinnen und Freunden treffen
- Hinweis: Renato ist sehr engagiert in seiner Ausbildung, manchmal aber noch sehr unsicher.

Chef Herr Müller-Schrenz

- 57 Jahre alt
- Betreibt seit 25 Jahren den Friseursalon
- Hobbys: Verreisen, Schach spielen, kochen
- Hinweis: Herr Müller-Schrenz ist oft in Gedanken und denkt über die neuesten Frisuren nach.

Es ist Herbst in einer Fußgängerzone. Dort stehen Zirkusfrau Britta und das Alpaka Lisa mit einer Sammeldose und sammeln Spenden für das Winterquartier. Plötzlich entdeckt Britta auf der gegenüberliegenden Straßenseite einen Imbiss mit Fischbrötchen. Sie hat Hunger und möchte schnell über die Straße und zieht Lisa hinter sich her. Britta schaut dabei weder nach links noch nach rechts, sondern rennt auf die nahegelegene Ampel zu. Diese steht auf Rot, was Britta aber nicht zu interessieren scheint, obwohl die Autos über die Straße rasen. Fast steht sie schon auf der Straße, als Lisa reagiert.

Alpaka Lisa *(laut):* Halt!

Verdutzt dreht sich Britta um. Sie fühlt sich beobachtet, weiß aber nicht von wem. Vollkommen in Gedanken steht sie da und bekommt nicht mit, wie Lisa erneut eingreift. Sie tritt an die Ampel heran, betätigt den Druckknopf. Nach wenigen Sekunden ist es schon grün und Britta will loslaufen, aber Lisa hält sie zurück.

Alpaka Lisa: Erst nach links und dann nach rechts schauen, das weiß doch jedes Alpaka-Kind. Dann können wir gehen.

Britta traut ihren Ohren nicht, verhält sich aber wie vorgeschlagen. Auf der anderen Seite angekommen, trabt Lisa neben ihr her, als ob nichts gewesen sei.

Zirkusfrau Britta *(verdutzt):* Lisa, hast du da eben gesprochen?

Alpaka Lisa: Ja, na klar.

Zirkusfrau Britta: Ich wusste gar nicht, dass du sprechen kannst.

Alpaka Lisa: Du weißt Einiges nicht. Zum Beispiel, wie man korrekt eine Straße überquert.

Zirkusfrau Britta *(schaut betreten unter sich):* Würdest du mir das erklären?

Alpaka Lisa: Gerne. Dann lass uns mal zur Straße zurückgehen *(läuft mit Britta zurück)*. Hier ist eine Ampel. Die Ampel hat einen Knopf. Wenn du rübergehen möchtest, musst du ihn drücken und warten, bis es grün wird.

Zirkusfrau Britta: Verstanden. Dann drücke ich wohl mal auf den Knopf *(betätigt den Knopf)*.

Alpaka Lisa: Wenn es grün wird, kannst du nicht einfach losrennen, du musst dich vergewissern, dass wirklich alle Autos halten. Dazu musst du nach links und nach rechts schauen.

Zirkusfrau Britta *(schaut nach links und nach rechts):* Die Autos halten. Jetzt können wir gehen.

Alpaka Lisa: Das ist richtig. Die Straße überquerst du jetzt zügig. Nicht bummeln, aber auch nicht rennen.

Zirkusfrau Britta *(kratzt sich am Kopf):* Da muss man ja wirklich Einiges bedenken ... Und wenn wir jetzt drüben sind?

Alpaka Lisa: Dann drehen wir um und du zeigst mir, ob du das mit der Ampel auch alleine kannst.

Die beiden überqueren erneut die Straße und Britta macht alles so, wie es Lisa zuvor erklärt hat. Angekommen auf der anderen Straßenseite trennen sich Britta und Lisa. Britta möchte sich endlich das ersehnte Fischbrötchen kaufen. Daraufhin nutzt Lisa die Chance und betritt das nahegelegene Friseurgeschäft.

Alpaka Lisa *(freundlich):* Guten Tag!

Lehrling Renato *(verdutzt):* Ähm, guten Tag ... *(zu seinem, im hinteren Teil des Salons arbeitenden und etwas schwerhörigen Chef Herrn Müller-Schrenz gewandt)* Herr Müller-Schrenz, hier ist ein Alpaka, was soll ich tun?

Chef Herr Müller-Schrenz *(geistesabwesend):* Natürlich waschen, schneiden, legen. Zeig doch mal, was du alles gelernt hast!

Lehrling Renato *(sehr unsicher):* Aber ich kann doch nicht ...

Chef Herr Müller-Schrenz *(energisch):* Natürlich kannst du. Fang schon an!

Lehrling Renato *(zunächst zurückhaltend, dann immer selbstbewusster):* Dann fangen wir mal an! *(Wäscht das Fell, rubbelt es trocken und föhnt das Alpaka, dann schneidet er vorsichtig das weiche Alpakahaar.)* Ist es angenehm so?

Alpaka Lisa *(tiefenentspannt):* Ja, sehr schön.

Lehrling Renato: Dann kommen jetzt die Lockenwickler dran!

Alpaka Lisa *(etwas beunruhigt):* Ziept das nicht?

Lehrling Renato: Nein, nein *(beginnt die Lockenwickler einzudrehen, das Alpaka wird immer unruhiger und quiekt).*

Chef Herr Müller-Schrenz *(genervt):* Hör auf zu quieken!

Lehrling Renato *(irritiert):* Aber ich mache doch gar nichts ... Aber ich brauche noch mehr Lockenwickler, dieses Vieh hat echt eine tolle Perücke!

Chef Herr Müller-Schrenz *(empört):* Lass die dummen Witze!

Nachdem eine Kollegin Renato weitere Lockenwickler gereicht hat und Lisa fertig frisiert ist, verlässt sie das Friseurgeschäft und trifft dort auf die verdutzte Britta. Mit dieser vornehmen Frisur ist Lisa ein absoluter Publikumsliebling, Erwachsene und Kinder wollen das weiche Fell streicheln und die Sammeldose füllt sich in kürzester Zeit. Renato betrachtet alles aus der Entfernung und ist äußerst zufrieden mit sich. Und Herr Müller-Schrenz ... der hat nichts davon mitbekommen!

Frei nach Hanna Hanisch

6.2.2 „Auf Knopfdruck grün“

Abb. 26: Mädchen und Junge an roter Ampel (© Living Puppets)

Zielgruppe:	Inklusive Grundschule/-stufe
Thematische Einordnung:	Mobilitäts- und Verkehrserziehung/Fußgängertraining
Groblernziel:	Erlernen des situationsangemessenen Verhaltens beim Überqueren einer Straße an einer Druckampel
Feinlernziele:	Die SchülerInnen ... ▪ ... finden eine Druckampel. ▪ ... drücken den Schalter der Druckampel. ▪ ... warten, bis das grüne Signal erscheint. ▪ ... überqueren zügig die Fahrbahn.
Beteiligte Puppen:	**Mia, acht Jahre** **Nick, neun Jahre** **Tom, acht Jahre** eine vierte Puppe im Auto
Requisiten:	▪ Markierungen für Gehwege und Straße ▪ Zwei Druckampeln mit Lichtsignalen ▪ Auto ▪ Tasche für jedes Kind

Biografien der Puppen

Mia

- 8 Jahre alt
- Schülerin der dritten Klasse einer inklusiven Grundschule
- Geschwister: Lotta (10) und Louis (5)
- Eltern: Mutter Brigitte, Sekretärin, und Vater Walter, Mechatroniker
- Hobby: malen

Nick

- 9 Jahre alt
- Schüler der dritten Klasse einer inklusiven Grundschule
- Geschwister: Fiona (2), Robin (5), Justin (12), Ben (14), Jasmin (17)
- Eltern: Mutter Petra, alleinerziehend und arbeitssuchend; Vater unbekannt
- Hobby: Computer spielen

Tom

- 9 Jahre alt
- Schüler der dritten Klasse einer inklusiven Grundschule
- Geschwister: kommt bald zur Welt
- Eltern: Mutter Anne, Verkäuferin, und Vater Heiner, Bademeister im Freibad
- Hobby: Fußball spielen

Szene 1:

Erzähler *(richtet sich an das Publikum):* Mia, Tom und Nick haben sich in der Schule verabredet. Sie wollen heute Nachmittag ins Freibad gehen. Mia und Tom sind schon auf dem Weg zum Freibad. Nick kommt später dazu *(verlässt die Bühne).*

Mia und Tom betreten die Bühne. Sie laufen nebeneinander auf dem Bürgersteig an einer Hauptstraße und bleiben stehen.

Mia: Endlich können wir wieder ins Freibad gehen. Ich war schon so lange nicht mehr schwimmen. Und heute ist das Wetter so schön. Die Sonne ist so heiß. Gut, dass ich meine Sonnencreme eingepackt habe.

Tom: Ich freue mich auch schon schwimmen zu gehen *(schaut sich suchend um, nach einigen Sekunden schaut er wieder zu Mia).* Hast du Nick schon gesehen? Er hat doch heute in der Schule gesagt, dass er auch mitkommen möchte.

Mia *(schaut sich ebenfalls suchend um, nach einigen Sekunden schüttelt sie den Kopf):* Ne, ich habe Nick auch noch nicht gesehen. Vielleicht spielt er noch zu Hause am Computer und kommt später.

Nick *(erscheint auf der Bühne, schaut suchend nach Mia und Tom; als er sie entdeckt, winkt und ruft er ihnen zu):* Hallo Mia und Tom!

Mia *(zeigt auf Nick):* Hey, da vorne ist Nick *(setzt an, über die Straße zu rennen).*

Tom *(hält sie am Arm fest und ist aufgebracht):* Halt! Was machst du denn? *(zieht Mia zurück und lässt ihren Arm los).* Du kannst doch nicht ohne zu schauen einfach über die Straße laufen. Das ist viel zu gefährlich!

Mia *(zeigt von Tom zu Nick auf die andere Straßenseite):* Aber wie soll ich denn jetzt sonst über die Straße kommen? Ich möchte doch zu Nick rüber.

Tom *(schaut sich suchend um, zeigt nach einigen Sekunden zur Ampel):* Schau mal, da vorne ist eine Ampel. An der Stelle können Fußgänger sicher über die Straße gehen. Wir sollten auch die Ampel benutzen.

Mia: Wie benutze ich denn eine Ampel? Ich bin noch nie alleine über eine Straße an einer Ampel gegangen.

Tom: Komm, ich zeige dir, wie das funktioniert. Wir machen das gemeinsam. Dann kommen wir sicher zu Nick.

Szene 2:

Tom: Du musst immer auf dem Bürgersteig innen gehen. Dadurch hältst du genug Abstand zu den Autos auf der Straße.

Mia *(bleibt stehen):* Der Weg zur Ampel ist aber noch so lang. Warum können wir nicht hier über die Straße gehen?

Tom: Es ist sicherer, eine Ampel zu benutzen. Auch wenn der Weg zu einer Ampel länger ist *(kommt mit Mia bei der Ampel an, die gerade rot ist)*. Wir müssen mit genug Abstand zur Straße an der Ampel stehen bleiben *(zeigt auf den Schalter der Ampel)*. Das ist der Schalter von der Ampel. Wenn wir über die Straße wollen, müssen wir den Schalter drücken.

Mia: Darf ich den Schalter drücken?

Tom: Ja, das darfst du gerne machen.

Mia *(betätigt den Schalter der Ampel):* Können wir jetzt über die Straße gehen?

Tom: Nein, schau doch mal. Die Ampel ist noch rot. Wir müssen warten, bis die Ampel grün ist.

Mia: Jetzt ist die Ampel grün. Wir können rüber gehen.

Tom: Nein, warte. Wir müssen vorher schauen, ob das Auto anhält. Dafür müssen wir in beide Richtungen schauen. Es kann sein, dass noch mehr Autos kommen. Die müssen auch anhalten *(schaut gemeinsam mit Mia nach links und rechts, das Auto hält an)*.
Das Auto hat angehalten. Jetzt können wir zügig über die Straße gehen. Dabei schauen wir weiter, ob das Auto stehen bleibt.

Mia *(läuft schräg über die Straße, außerhalb der Ampelmarkierungen): So!*

Tom: Wo läufst du denn hin? Hier sind weiße Markierungen auf der Straße. Wir müssen zwischen den Markierungen gerade über die Straße gehen.

Mia *(geht zurück zu Tom und zeigt auf die Ampel):* Schau mal. Die Ampel ist wieder rot. Wir müssen stehen bleiben, oder?

Tom: Nein, wir müssen weiter über die Straße laufen. Wenn wir schon auf der Straße sind, müssen wir zügig weiter gehen. Auch wenn die Ampel auf Rot umschaltet *(überquert zusammen mit Mia die Straße und bleibt auf der anderen Straßenseite stehen)*. Wir haben es geschafft. Lass uns hier auf Nick warten. Dafür stellen wir uns wieder nach innen auf den Bürgersteig. Dann haben wir genug Abstand zu den Autos.

Mia: Ja super, das war gar nicht schwer. Wir sind an der Ampel sicher über die Straße gegangen.

Nick *(geht den beiden entgegen und stellt sich zu ihnen):* Hallo ihr beiden. Entschuldigung, ich bin ein bisschen zu spät. Ich habe noch mit meinem Bruder Computer gespielt.

Mia: Das ist doch nicht schlimm. Wir haben noch genug Zeit. Dann lass uns jetzt ins Freibad gehen.

Szene 3:

Erzähler *(richtet sich an das Publikum):* Nick, Mia und Tom verbringen den Nachmittag im Freibad und haben viel Spaß zusammen. Mia und Nick gehen schon früher als Tom nach Hause. Toms Vater ist Bademeister im Freibad. Deshalb bleibt Tom noch länger dort und fährt später mit seinem Vater nach Hause *(verlässt die Bühne)*.

Mia *(erscheint mit Nick auf der Bühne und geht Richtung Ampel):* Wir müssen wieder über die Straße gehen *(zeigt auf die Ampel)*. Lass uns bei der Ampel da vorne über die Straße gehen. Es ist sicherer, wenn man eine Ampel benutzt. Das habe ich heute von Tom gelernt.

Nick: Ich kann das noch nicht so gut alleine. Wie geht das denn? Kannst du mir das erklären?

Mia: Ja, lass uns das zusammen machen. Ich bin mir auch nicht mehr ganz sicher. Aber zusammen schaffen wir das. Etwas weiß ich noch. Wir müssen auf dem Bürgersteig innen gehen. Dadurch halten wir genug Abstand zu den Autos auf der Straße *(geht mit Nick zusammen bis zur roten Ampel und bleibt dort stehen)*.

Erzähler: Sagt mal, könnt ihr Mia und Nick helfen? Was müssen sie als erstes machen, wenn sie an der Ampel sind und über die Straße gehen wollen? *(sammelt und kommentiert die Antworten des Publikums)*

Mia: Die Ampel ist rot. Wir müssen den Schalter von der Ampel drücken. Nick, möchtest du das machen?

Nick: Ja, gerne *(drückt den Schalter)*.

Erzähler: Dürfen Mia und Nick jetzt einfach über die Straße gehen? *(sammelt und kommentiert die Antworten des Publikums)*

Mia: Wir müssen warten, bis die Ampel grün ist und das Auto anhält. Erst dann dürfen wir über die Straße gehen *(schaut zu dem heran rollenden Auto)*.

Nick: Können wir jetzt über die Straße gehen?

Erzähler: Was meint ihr? Dürfen die beiden jetzt über die Straße gehen? *(sammelt und koordiniert die Antworten des Publikums)*

Mia: Wir müssen erst schauen, ob das Auto anhält.

Nick: Ja stimmt, dann schauen wir in beide Richtungen. Wir müssen schauen, ob noch mehr Autos kommen. Die müssen auch anhalten *(schaut mit Mia nach links und rechts, das Auto hält an)*.

Mia: Das Auto bleibt stehen. Wir können jetzt zügig über die Straße gehen. Dabei laufen wir geradeaus zwischen den weißen Markierungen auf der Straße. Wir müssen darauf achten, dass das Auto weiter stehen bleibt *(betritt mit Nick die Straße, kurz darauf schaltet die Ampel auf Rot)*.

Erzähler: Mia und Nick sind stehen geblieben, weil die Ampel rot geworden ist. Machen die beiden das richtig? *(sammelt und koordiniert die Antworten des Publikums)*

Mia: Wir stehen schon auf der Straße. Deshalb müssen wir weiter gehen. Auch wenn die Ampel rot ist *(überquert mit Nick die Straße und bleibt auf der anderen Straßenseite stehen)*.

Nick: Hier müssen wir bestimmt auch wieder auf dem Bürgersteig innen weiter gehen. So haben wir genug Abstand zu den Autos.

Mia: Ja, richtig.

Nick: Der Weg bis zur Ampel war jetzt aber lang. Warum sind wir nicht schon früher über die Straße gegangen?

Mia: Die Ampel war in der Nähe. Dort ist es sicherer über die Straße zu gehen.

Nick: Dann können wir ja jetzt nach Hause gehen.

Dank
Die Autoren bedanken sich für die kreativen Anregungen bei den (ehemaligen) Studierenden, die das Drehbuch im Rahmen eines Seminars an der Justus-Liebig-Universität Gießen entwickelt haben:

Christien Sellmer und Verena Westphal

6.2.3 „Der WM-Ball und die Lebensgefahr“

Abb. 27: Mädchen und Junge mit Fußball an der Ampel (© Living Puppets)

Zielgruppe:	Grundstufe im Förderschwerpunkt Lernen/inklusive Grundschule
Thematische Einordnung:	Mobilitäts- und Verkehrserziehung/Fußgängertraining
Groblernziel:	Erlernen des situationsangemessenen Verhaltens beim Überqueren einer Straße
Feinlernziele:	Die SchülerInnen ... ▪ ... kennen Möglichkeiten des sicheren Straßenüberquerens. ▪ ... ordnen dem Fußgängerüberweg das passende Symbol zu. ▪ ... können die Blickrichtung für das Überqueren einer Straße darstellen.
Beteiligte Puppen:	**Jana, acht Jahre** **Max, acht Jahre** **Älterer Herr, 68 Jahre**
Requisiten:	▪ WM-Ball ▪ Schild „Fußgängerüberweg“

Biografien der Puppen

Jana

- 8 Jahre alt
- Schülerin einer dritten Klasse
- Hobbys: Fußball spielen mit Max, draußen sein

Max

- 8 Jahre
- Schüler einer dritten Klasse
- Hobbys: Fußball spielen mit Jana und seinem neuen WM-Ball, draußen sein

Älterer Herr

- 68 Jahre
- Rentner
- Fährt gerne Auto und ist um die Sicherheit von Kindern bemüht.

Jana	*(steht vor dem Eingang des Mehrfamilienhauses und wartet auf Max):* Oh, Maaax, wann kommst du denn endlich? Wir haben uns doch für 15 Uhr verabredet *(schaut gelangweilt auf die Uhr)*. Jetzt haben wir doch schon 15:15 Uhr.
Max	*(kommt völlig außer Atem mit dem Ball unterm Arm aus der Haustür gerannt):* Oh, entschuldige Jana. Ich musste erst noch Mittagessen und habe es nicht schneller geschafft.
Jana:	Ja, nicht schlimm. Jetzt bist du ja da.
Max:	Ey Jana, schau mal, das ist mein neuer Ball, den ich zum Geburtstag bekommen habe.
Jana:	Oh, cool! Zeig mal her *(bekommt den Ball von Max überreicht)*. Der ist ja toll! Und noch so schön sauber und neu.
Max	*(freudig):* Weißt du überhaupt, welcher Ball das ist?
Jana	*(zuckt ahnungslos mit den Schultern):* Nö.
Max:	Das ist doch der Ball von der letzten Weltmeisterschaft.
Jana	*(erstaunt):* Wie? Ist das genau DER Ball, mit dem Mats Hummels auf dem Platz stand?
Max:	Nein, Jana, das ist doch nicht genau der Ball, den Hummels in der Hand hatte, sondern der sieht halt nur genau aus wie der WM-Ball.
Jana:	Ach so. Schade, ich dachte, das wär er gewesen *(enttäuscht)*. Sieht trotzdem toll aus, so weiß und sauber.
Max	*(grinsend):* Das wird er aber nicht mehr lange bleiben. Heute Abend sieht er bestimmt nicht mehr so neu aus.
Jana	*(ungeduldig):* Wollen wir jetzt mal losgehen?
Max:	Ja, okay! Dann gehen wir wieder zum Spielplatz.
Jana:	Hm, aber erinnerst du dich nicht noch an die großen Jungs, die uns geärgert haben?
Max:	Hm, ja stimmt.
Jana:	Ich hab schon Angst vor denen. Sollen wir da wirklich hingehen?
Max:	Du Angsthase! Hm, wo sollen wir denn sonst hin? Hier gibt's doch nirgends andere Spielplätze.
Jana	*(nachdenklich):* Hm ...
Max:	Überall sind nur Autos, große Straßen und keine Wiesen.

Jana: Ja, ist echt blöd. Aber ich hab wirklich Angst vor denen.

Max: Ah... oben da ..., weißt du? *(zeigt nach rechts)* An der großen Straße, da ist so ein grüner Streifen. Wollen wir dann da hingehen?

Jana *(euphorisch):* Ja! *(nachdenklich)* Aber nee, warte, ist das nicht gefährlich mit den Autos und der Kreuzung?

Max: Ach Quatsch. Was soll denn daran gefährlich sein?

Jana: Naja, da sind Autos und eben viel Verkehr.

Max: So gefährlich ist das nicht!

Jana: Ok! Dann gehen wir *(läuft zusammen mit Max rechts an der Straße entlang)*.

Max: Boah, ich freu mich schon richtig jetzt mit dem coolen WM-Ball zu spielen.

Jana: Ich auch! *(Bleibt mit Max vor dem Grünstreifen stehen)*

Max: Stopp Jana! Hier ist schon der Platz, den ich meine.

Jana: Oh, okay! Groß ist das hier ja nicht, aber naja zum Fußballspielen reicht es vielleicht so gerade.

Max: Ja, stimmt schon! Bei der WM sind die Fußballfelder etwas größer, aber wir sind ja auch nicht 22 Spieler, sondern nur zwei. Da braucht man nicht so viel Platz.

Jana: Stimmt. So, los geht es! *(nach einigen Sekunden, schreiend)* Toooooor!

Max: Oh nein! Jetzt zeig ich dir mal den weitesten und stärksten Schuss, den du je gesehen hast *(nimmt Anlauf und schießt mit aller Kraft den Ball, der über die befahrene Straße in den gegenüberliegenden Graben rollt)*. Nein! Mein guter, neuer Ball! *(rennt ohne zu überlegen auf die Straße)*

Jana: Max! Stopp! Da kommt ein Auto!

Max *(fällt auf die Knie, als das Auto mit quietschenden Reifen hält; schluchzend):* Aua, aua! Jana, mein Knie. Aua. Guck mal!

Jana *(rennt zu Max und legt den Arm um ihn):* Max, geht es dir gut?

Max *(weinend):* Nein, mein Knie tut mir weh und es blutet.

Älterer Herr: Kinder, ich musste so stark bremsen, weil ich dachte, dass du *(zeigt auf Max)* mir vors Auto läufst. So was dürft ihr nicht nochmal machen! Das war ganz schön gefährlich. Man kann nicht einfach über eine solch gefährliche Straße laufen, ohne zu gucken.

Max	*(schluchzend):* Aber mein Ball ist über die Straße gerollt und ich wollte ihn doch nur holen.
Älterer Herr:	Ja, aber so geht das trotzdem nicht. Aber erst mal ist jetzt wichtig, dass es dir gut geht. Wo hast du dich denn verletzt?
Max	*(zeigt auf sein Knie):* Hier, mein Knie! Aua! Aber es hört langsam schon wieder auf wehzutun.
Älterer Herr:	Kannst du denn schon wieder aufstehen?
Max:	Ja.
Jana	*(hilft Max hoch):* Und was machen wir jetzt?
Max:	Wir müssen jetzt aber irgendwie meinen Ball holen. Der ist ja noch niegelnagelneu und außerdem ist es mein WM-Ball.
Älterer Herr:	Ich helfe euch. Aber hier können wir auf jeden Fall nicht über die Straße gehen. Das ist bei dieser großen Straße mit den Autos hier viel zu gefährlich. Wir können die Straße nur an einer Ampel oder einem Fußgängerüberweg überqueren *(schaut sich um)*. Schaut doch mal nach links! Seht ihr dort, ein paar Meter weiter, da ist ein Fußgängerüberweg, den wir benutzen sollten, um den Ball zu holen.
Jana	*(verwirrt):* Meinen Sie den Zebrastreifen?
Älterer Herr:	Ja! Genau, den meine ich. Und da gehen wir jetzt mal gemeinsam hin *(geht gemeinsam mit Max und Jana zum Zebrastreifen und zeigt auf das Schild)*. Kinder, wer weiß denn von euch, was dieses Schild uns sagt? Das ist das Symbol für einen Zebrastreifen, es zeigt uns, dass man an dieser Stelle sicher eine Straße überqueren kann.
Jana:	Stimmt, das Schild kenne ich vom Schulweg.
Max:	Auf dem Schild sieht man ja auch diese Streifen, die auch auf der Straße sind.
Älterer Herr:	Genau, das müsst ihr euch merken. Habt ihr auch schon mal wie Jana dieses Schild gesehen? *(schaut zum Publikum und sammelt die Antworten; hält Max an der Kapuze fest, als dieser über den Zebrastreifen laufen will)* Stopp Max! *(hebt den Zeigefinger)* Auch an einem Zebrastreifen musst du erst schauen, ob Autos kommen. Du kannst nicht einfach so loslaufen, ohne zu schauen. Wenn Autos kommen, musst du sichergehen, dass dich die Autofahrer wahrgenommen haben und auch anhalten. Das machst du am besten, indem du Blickkontakt zum Autofahrer aufnimmst.

Max: Ja, aber ich habe doch gerade kurz geguckt *(zeigt nach rechts)* und außerdem hätte ich ein Auto ja auch gehört.

Älterer Herr: Aber das reicht nicht, nur in eine Richtung zu schauen. Du musst immer in beide Richtungen schauen. Es können ja auch Autos von der anderen Seite kommen *(zeigt mit der Hand nach links, als ein Fahrradfahrer von links kommt und vor dem Fußgängerüberweg anhält),* und diesen Fahrradfahrer hier hast du sicherlich nicht gehört. Also immer in beide Richtungen schauen. Das ist ganz wichtig!

Jana: Ja, stimmt. Das sagt doch unsere Klassenlehrerin Frau Schneider auch immer zu uns. Erinnerst du dich nicht mehr Max?

Max: Hm, stimmt *(Kopf gesenkt),* das habe ich vor lauter Aufregung total vergessen.

Älterer Herr: Dann wisst ihr ja auch, dass man immer an der Bordsteinkante stehen bleiben muss und mehrmals nach beiden Seiten schaut. *(Bewegt den Kopf in die jeweilige Richtung)* Also erst links, dann nach rechts und zum Schluss nochmal nach links!

Jana: Also nach links, rechts, links *(bewegt mit Max den Kopf in die jeweilige Richtung und überquert die Straße).*

Max: Juhu! Ich habe meinen Ball wieder und er ist zum Glück nicht kaputt gegangen und sieht immer noch so super aus *(hebt den Ball auf und geht mit Jana und dem älteren Herren wieder zur Straße zurück).*

Älterer Herr: So, dann zeigt ihr mir mal, ob ihr das verstanden und euch gemerkt habt, was man tun muss, bevor man den Zebrastreifen überquert.

Max *(gemeinsam mit Jana):* Links, rechts, links! *(Bewegen ihre Köpfe in die jeweilige Richtung)*

Älterer Herr: Das habt ihr super gemacht und mir gezeigt, dass ihr es verstanden habt. Versprecht mir bitte, dass ihr immer an der Straße aufpasst, auch wenn der Ball über die Straße rollt. Außerdem wäre es besser, wenn ihr mit eurem Ball woanders spielt, da wo keine große Straße in der Nähe ist, weil das einfach viel zu gefährlich hier ist.

Jana: Das hatte ich die ganze Zeit auch gedacht. Wir können ja unsere Eltern fragen, ob die eine Idee haben, wo wir am besten Fußballspielen können.

Älterer Herr: Dann macht es mal gut, Kinder, und passt auf euch auf.

Max: Tschüss und vielen Dank, dass sie uns so nett geholfen haben. Jetzt wissen wir, wie wir sicher eine Straße überqueren.

Jana *(schaut auf die Armbanduhr):* So Max, es ist nun aber spät geworden, lass uns mal wieder nach Hause gehen.

Max: Okay, machen wir. Ich muss nämlich auch noch meine Mathehausaufgaben machen.

Dank
Die Autoren bedanken sich für die kreativen Anregungen bei den (ehemaligen) Studierenden, die das Drehbuch im Rahmen eines Seminars an der Justus-Liebig-Universität Gießen entwickelt haben:

Jonas Maximilian Materla und Elena Zwilling

6.2.4 „Finn und das komische Zebra“

Abb. 28: Zwei Jungen am Zebrastreifen (© Living Puppets)

Zielgruppe:	Inklusive Grundschule/-stufe
Thematische Einordnung:	Mobilitäts- und Verkehrserziehung/Fußgängertraining
Groblernziel:	Erlernen des situationsangemessenen Verhaltens beim Überqueren einer Straße an einer Ampel und einem Zebrastreifen
Feinlernziele:	Die SchülerInnen ... ▪ ... kennen Möglichkeiten des sicheren Straßenüberquerens. ▪ ... ordnen dem Fußgängerüberweg das passende Symbol zu. ▪ ... können die Blickrichtung für das Überqueren einer Straße darstellen.
Beteiligte Puppen:	**Luca, zehn Jahre** **Finn, fünf Jahre**
Requisiten:	▪ Ampel ▪ Zebrastreifen ▪ leere und gefüllte Einkaufstasche

Biografien der Puppen

Luca

- 10 Jahre alt
- Schüler einer vierten Klasse
- Geschwister: Clara (1), Finn (5)
- Eltern: Mutter Christine und Vater Samuel
- Hinweise: Luca hat vor kurzem seinen Fahrradführerschein gemacht. Er verbringt zudem gerne Zeit mit Finn.

Finn

- 5 Jahre alt
- Besucht einen integrativen Kindergarten
- Geschwister: Clara (1), Luca (10)
- Hinweise: Finn fühlt sich bei Luca sehr wohl, da er ihn stets beschützt. Finn hat eine leichte geistige Behinderung.

Szene 1:

Finn und Luca befinden sich auf dem Weg zum Supermarkt und wollen für die Mutter einkaufen. Finn hat dafür die leere Einkaufstasche umhängen.

Luca *(wartet auf Finn und summt dabei ein Lied):* Finn!

Finn *(kommt angelaufen):* Ja?

Luca: Na endlich, Finn! Ist es nicht toll, dass Mama uns allein zum Einkaufen schickt?

Finn: Ja, Luca, ich freue mich schon sehr. Aber ein bisschen aufgeregt bin ich schon ... *(schaut ängstlich nach unten und knabbert an seinen Fingern).*

Luca *(legt den Arm um Finn):* Ich bin doch da! *(läuft mit Finn bis zur Ampel; zeigt auf die Ampel)* Schau mal Finn, das hatten wir doch gerade erst gestern.

Finn: Ja, das ist eine Ampel *(läuft ungebremst auf die Straße zu).*

Luca: Stopp Finn! *(hält Finn zurück)* Du musst doch den Sicherheitsabstand beachten!

Finn: Oh *(hält sich die Hand vor den Mund).* Kannst du mir das doch nochmal erklären?

Luca: Hm, lass uns das doch gemeinsam machen! Also die Ampel haben wir schon mal gefunden. Dafür muss man manchmal auch ein paar Schritte mehr machen. Wir bleiben vor der Bordsteinkante stehen.

Finn *(blickt zur Ampel):* Schau, jetzt ist gerade rot. Jetzt muss ich stehen bleiben und da drauf *(zeigt auf den Knopf)* drücken!

Luca: Ganz genau. Und wann können wir gehen?

Finn: Erst, wenn es unten grün wird!

Luca: Super! Also warten wir, bis es umschaltet *(wartet mit Finn und beobachtet vorbeifahrende Autos).*

Finn *(setzt sich in Bewegung):* Jetzt ist es grün!

Luca *(hält ihn fest):* Stopp, Stopp, was hatten wir denn gestern? Zuerst zu beiden Seiten gucken, ob wirklich alle Autos anhalten *(schaut mit Finn zu beiden Seiten und läuft gemeinsam mit ihm über die Straße).*

Finn: Und wir müssen zügig zur anderen Straßenseite laufen!

Szene 2:

Finn und Luca kommen zu einem Zebrastreifen und bleiben davor stehen.

Finn *(schaut skeptisch und kratzt sich am Kopf):* Luca, das sieht ja aus wie mein Zebra Willi!

Luca *(lacht):* Ach Finn! Du hast Recht, das sieht aus wie ein Zebra. Deswegen heißt das auch Zebrastreifen!

Finn: Und was macht das komische Zebra?

Luca: Der Zebrastreifen funktioniert fast wie die Ampel.

Finn *(blickt sich suchend um):* Aber hier ist doch nichts zum Drücken?

Luca: Das stimmt. Hier müssen wir noch mehr auf die Autos achten *(schaut nach beiden Seiten).*

Finn: Also, zuerst müssen wir den Sicherheitsabstand beachten. *(Sagt gemeinsam mit Luca)* Hier mach ich Halt und stampfe, dass es knallt!

Ein Auto fährt über den Zebrastreifen hinweg.

Luca: Siehst du Finn, es kann auch passieren, dass ein Auto nicht anhält. Und deswegen müssen wir uns ganz genau die Autofahrer angucken und warten *(schaut gemeinsam mit Finn abwechselnd zu beiden Seiten und sagt laut);* ganz genau hingucken!

Finn: Wie lange muss ich denn warten, Luca?

Luca: Solange bis die Autos anhalten oder kein Auto zu sehen ist.

Finn: Es ist aber ganz schön schwer zu sagen, wie schnell die Autos sind!

Luca: Da hast du Recht! Deshalb warten wir auch so lange, bis sich die Autos nicht mehr bewegen.

Finn *(nickt zustimmend):* Schau, das Auto hat angehalten! Und jetzt können wir ja, wie bei der Ampel auch, gerade und zügig über den Zebrastreifen gehen *(geht mit Luca über den Zebrastreifen).*

Luca: Und denk dran immer auf der Innenseite laufen!

Finn: Da ist ja schon der Supermarkt! Das haben wir richtig toll gemacht!

Szene 3:

Finn und Luca kommen vom Einkaufen und Luca hat nun die volle Einkaufstasche umhängen.

Finn *(nickt):* Wir haben alles bekommen. Mehl, Zucker, Schokolade, Backpulver, Puderzucker. Was will Mama nur damit machen?

Luca *(schüttelt den Kopf):* Ach, Finn!

Finn *(zeigt):* Da ist das Zebra wieder! Jetzt kann ich es!

Luca: Na, dann leg mal los!

Finn *(bleibt vor dem Zebrastreifen stehen):* Hier mach ich Halt und stampfe, dass es knallt! Ich gucke nach beiden Seiten, ob ein Auto kommt. Ich bin total aufmerksam und gucke mir den Fahrer an. Weil ich nicht sagen kann, wie schnell die Autos fahren, muss ich warten, bis sie stehen oder die Straße ganz frei ist. Wenn alles ok ist, dann gehe ich zügig und gerade über den Zebrastreifen.

Luca *(macht mit Finn ein High Five):* Sehr gut behalten, Finn! *(geht mit Finn auf die andere Straßenseite)* Finn, hast du nicht etwas vergessen?

Finn *(unsicher und fragend):* Hä?

Luca: Immer auf der Innenseite laufen!

Finn: Niemand ist gleich perfekt! Ich habe heute schon viel gelernt!

Luca: Genau! Übung macht den Meister!

Dank
Die Autoren bedanken sich für die kreativen Anregungen bei den (ehemaligen) Studierenden, die das Drehbuch im Rahmen eines Seminars an der Justus-Liebig-Universität Gießen entwickelt haben:

Sarah Ebeling und Lisa Jagadics

6.2.5 „Die Geschichte von den weißen Streifen auf der Straße“

Abb. 29: Polizist am Zebrastreifen (© Living Puppets)

Zielgruppe:	Grundstufe im Förderschwerpunkt geistige Entwicklung/inklusive Grundschule
Thematische Einordnung:	Mobilitäts- und Verkehrserziehung/Fußgängertraining
Groblernziel:	Erlernen des situationsangemessenen Verhaltens beim Überqueren einer Straße an einem Zebrastreifen
Feinlernziele:	Die SchülerInnen ... ▪ ... kennen Möglichkeiten des sicheren Straßenüberquerens. ▪ ... ordnen dem Fußgängerüberweg das passende Symbol zu. ▪ ... können die Blickrichtung für das Überqueren einer Straße darstellen.
Beteiligte Puppen:	**Hexe, 237 Jahre** **Lotte, neun Jahre** **Polizist, 48 Jahre**
Requisiten:	▪ Verkehrsschild Zebrastreifen ▪ Zebrastreifen

Biografie der Puppen

Hexe

- 237 Jahre alt
- Fliegt in der Regel mit ihrem Besen und hat deshalb keine Erfahrungen im Straßenverkehr.

Lotte

- 9 Jahre alt
- Geht zu Fuß zur Schule und kennt sich deshalb gut mit dem Straßenverkehr aus.

Polizist

- 48 Jahre alt
- Kennt die Gefahren im Straßenverkehr und hat dort viele Einsätze.

Szene 1:

An einem sonnigen Mittag steht Hexe am Zebrastreifen einer vielbefahrenen Straße gegenüber einer Schule.

Hexe: Oh, was ist denn das? Das sieht ja komisch aus. Was machen denn die Streifen dort auf der Straße? Mal sehen, ob ich sie anfassen kann *(bückt sich und betastet vorsichtig die Streifen)*. Hm, es scheint, als würden die zu der Straße gehören. Sie bewegen sich nicht, wenn ich sie anstupse *(kratzt sich nachdenklich am Kopf)*. Mal sehen, ob ich auf die andere Seite kommen kann, ohne die weißen Streifen zu berühren *(hüpft munter über die Straße ohne die Streifen zu berühren)*.

Polizist *(wartet bereits auf der anderen Seite):* Stopp! Was machst du denn da? Das ist ja ...

Hexe: Toll! Hast du gesehen, wie ich es geschafft habe, die Straße zu überqueren, ohne auf die weißen Streifen zu treten?

Polizist *(hebt mahnend den Zeigefinger):* Ja, das habe ich. Das ist sehr gefährlich!

Hexe *(stammelt verunsichert):* Aaaaaaber ich ... ich wollte doch nur herausfinden, was die Streifen dort auf der Straße sollen *(senkt verlegen den Kopf)*.

Polizist: Pass auf liebe Hexe, das ist ein Zebrastreifen. Er hilft den Menschen dabei, sicher die Straße zu überqueren. Ohne ihn würde es viele Unfälle geben. Das siehst du auch an diesem Schild hier *(zeigt auf das Verkehrsschild)*.

Hexe: Na gut, verstehe. Aber die weißen Streifen darf ich trotzdem nicht berühren, oder?

Polizist: Doch, das darfst du. Die Streifen sind dazu da, dass Verkehrsteilnehmer, vor allen Dingen die Autofahrer, den Zebrastreifen sofort sehen können.

Hexe: Sehr gut, dann kann ich ja jetzt einfach drüber laufen. Los geht es *(hebt den Fuß, um loszulaufen)*.

Polizist: Halt!!!! Das ist viel zu gefährlich!

Hexe: Aber du hast mir doch gerade gesagt, dass die Autofahrer den Streifen gut sehen und dann auf mich achten.

Polizist: Nein, so habe ich das nicht gemeint. Ich erkläre es dir noch mal genau. Pass gut auf: Einen Zebrastreifen erkennst du an dem Zebrastreifenschild *(zeigt auf das Verkehrszeichen)* und an den weißen Streifen auf der Straße *(zeigt auf die Straße)*. Wenn du jetzt den Zebrastreifen überqueren möchtest, bleibst du zuerst am Rand des Gehwegs stehen, bevor du auf die Fahrbahn trittst. Dabei ist es wichtig, dass du den Sicherheitsabstand zur Bordsteinkante einhältst. Das kannst du dir ganz leicht merken: Ich stehe am Bordstein und gebe Acht, dabei stampfe ich auf, dass es kracht! Als nächstes versicherst du dich, dass keine Autos kommen. Dafür schaust du zuerst in die eine Richtung – das ist links, und dann in die andere Richtung – das ist rechts.
Ganz zum Schluss schaust du noch einmal nach links. Das üben wir jetzt mal *(schaut mit der Hexe nach links, dann nach rechts, dann wieder nach links)*.

Hexe: Klasse, jetzt kann ich los!

Polizist: Nein, zu guter Letzt musst du dich noch versichern, dass die Autos auch wirklich anhalten. Dazu schaust du den Autofahrern ganz tief in die Augen *(schaut der Hexe eindringlich in die Augen)*. Und wenn dann der Zebrastreifen frei ist, überquerst du diesen zügig, bis du an der anderen Straßenseite angekommen bist.

Hexe: Also, dann gehe ich zum Bordsteinrand *(tritt an den Bordsteinrand)*, schaue nach links, rechts und wieder links *(schaut in die Richtungen)* und wenn das Auto vor dem Zebrastreifen anhält, schaue ich dem Fahrer in die Augen. Ist dann alles frei, kann ich gehen *(überquert mit dem Polizisten die Straße)*.

Polizist: Das hast du richtig gemacht! *(sein Telefon klingelt)* Ja, ja, ich bin sofort da *(legt auf und wendet sich an die Hexe)*. Liebe Hexe, es tut mir leid, ich muss schnell los zu einem wichtigen Einsatz. Pass auch in Zukunft immer gut im Straßenverkehr auf.

Hexe: Alles klar, Herr Polizist. Das werde ich tun.

Szene 2:

Eine Pausenglocke ertönt. Hexe sieht, wie Kinder vom Schulhof strömen. Ein Mädchen kommt auf sie zu und bleibt neben ihr stehen und lächelt ihr zu.

Hexe: Hallo. Wie heißt du? Ich bin Hexe und habe gerade etwas ganz spannendes erlebt ... ICH HABE GERADE EINEN ZEBRASTREIFEN ÜBERQUERT!

Lotte *(lacht):* Hallo Hexe, ich bin Lotte. Aber was ist denn bitte daran besonders, einen Zebrastreifen zu überqueren? Das mache ich jeden Tag.

Hexe *(überrascht):* Eeeecht? Trittst du auch immer erst an den Bordstein und schaust dann links ... rechts ... äääähm...ups, ich habe es anscheinend doch noch nicht so richtig verstanden.

Lotte: Kein Problem, wir machen das einfach nochmal zusammen. Du hast ja schon richtig gesagt, dass du zuerst am Rand des Gehwegs stehen bleiben musst, bevor du die Fahrbahn betrittst. Denk an den Sicherheitsabstand zur Bordsteinkante und versichere dich, dass keine Autos kommen.

Hexe: Stimmt, da gibt es einen Merksatz: Ich stehe am Bordstein und gebe Acht, dabei stampfe ich auf, dass es kracht! Und jetzt schaue ich in alle Richtungen, oder?

Lotte: Genau, zuerst guckst du in die eine Richtung – das ist links, und dann in die andere Richtung – das ist rechts. Ganz zum Schluss guckst du noch einmal nach links.

Hexe: Und was kam dann nochmal?

Lotte: Du musst unbedingt aufpassen, dass die Autos auch wirklich anhalten. Ich gucke dabei den Autofahrern ganz tief in die Augen. Und wenn dann der Zebrastreifen frei ist, laufe ich auf direktem Wege über die Straße.

Hexe: Stimmt, so war es. Komm, wir machen es nochmal zusammen *(schaut mit Lotte nach links, dann nach rechts und dann wieder nach links)*. Klasse, die Straße ist frei, jetzt können wir wirklich los! *(überquert gemeinsam mit Lotte die Straße)*. Vielen, vielen Dank, Lotte! Jetzt fühle ich mich richtig sicher im Verkehr. Komm gut nach Hause.

Lotte: Tschüüüss Hexe, ich habe dir gerne geholfen.

Dank
Die Autoren bedanken sich für die kreativen Anregungen bei den (ehemaligen) Studierenden, die das Drehbuch im Rahmen eines Seminars an der Justus-Liebig-Universität Gießen entwickelt haben:

Anne-Kristin Gonzales, Lisa Krämer und Wiebke Scheel

6.2.6 „Busfahren – Ein Abenteuer mit Tom und Emma“

Abb. 30: Mädchen und Junge an einer Bushaltestelle (© Living Puppets)

Zielgruppe:	Inklusive Grundschule/-stufe
Thematische Einordnung:	Mobilitäts- und Verkehrserziehung/ÖPNV-Training
Groblernziel:	Erlernen des situationsangemessenen Verhaltens im ÖPNV
Feinlernziele:	Die SchülerInnen ... ▪ ... können eine Busfahrt vorbereiten. ▪ ... benehmen sich angemessen während einer Busfahrt. ▪ ... bewältigen den Ausstieg aus einem Bus.
Beteiligte Puppen:	**Tom, neun Jahre** **Emma, sieben Jahre** **Mutter Barbara, 38 Jahre** **Busfahrer Harald, 50 Jahre** **Oma Hiltraut, 88 Jahre**
Requisiten:	▪ Gehstock ▪ Smartphone ▪ Bus

Biografien der Puppen

Tom

- 9 Jahre alt
- Schüler einer vierten Klasse
- Familie: Schwester Emma (7); Mutter Barbara (38), Arzthelferin
- Tom ist ein guter Schüler mit den Lieblingsfächern Sachunterricht und Mathematik. Tom ist hilfsbereit und selbstbewusst.

Emma

- 7 Jahre alt
- Schülerin einer zweiten Klasse
- Familie: Bruder Tom (9); Mutter Barbara (38), Arzthelferin
- Emma ist eine gute Schülerin mit den Lieblingsfächern Kunst und Musik. Emma ist verträumt und wissbegierig.

Mutter Barbara

- 38 Jahre alt
- Arzthelferin
- Kinder: Emma (7), Tom (9)
- Barbara erzieht ihre Kinder liebevoll und sorgsam zur Selbstständigkeit.

Busfahrer Harald

- 50 Jahre alt
- Busfahrer
- Harald hatte noch keinen Verkehrsunfall. Er ist freundlich und zuvorkommend.

Oma Hiltraut

- 88 Jahre alt
- Seit 20 Jahren verwitwet, hat drei Kinder und eine Enkelin.
- Läuft mit einem Stock und ist schwerhörig.

Szene 1:

Es ist ein warmer Sommertag. Emma und Tom sitzen gemeinsam im Garten und überlegen, was sie tun können.

Tom: Boah, ist das heiß heute *(wischt sich den Schweiß von der Stirn)*.

Emma: Oh ja, das stimmt. Komm, lass uns ein Eis aus dem Kühlfach holen *(springt auf)*.

Tom: Nee, Emma. Mama war noch nicht einkaufen. Wir haben kein Eis mehr. Du hast gestern mit Ida das letzte Eis gegessen.

Emma *(schaut verschämt nach unten):* Hm. Ja, stimmt. Und jetzt? *(guckt Tom erwartungsvoll an)*

Tom: Ich habe eine Idee!

Emma: Lass mal hören!

Tom: Ich habe doch für meine neue Schule Busfahren gelernt. Wir könnten zusammen in die Stadt fahren und dort einen riesigen Eisbecher verschlingen *(strahlt)*.

Emma *(begeistert):* Oh cooooool! Das klingt nach einer Idee. Dann lass uns schnell los!

Tom *(schüttelt den Kopf):* Emma, schnell geht es leider nicht. Busfahren muss gut überlegt sein. Wir müssen uns erst einmal Geld besorgen und um Erlaubnis fragen. Außerdem müssen wir rausfinden, welcher Bus uns in die Stadt bringt, wo der Bus abfährt, wo er hält und wo wir aussteigen müssen, wie viel die Fahrkarte kostet und und und ...

Emma *(enttäuscht):* Hm, das klingt ja ganz schön schwer, dachte einsteigen und direkt an der Eisdiele aussteigen und zack haben wir einen leckeren Eisbecher.

Mutter Barbara *(kommt in den Garten, winkt):* Hallo Kinder!

Tom: Hallo Mama!

Mutter Barbara: Na, ihr macht es richtig und genießt das schöne Wetter *(guckt zu Emma)*. Ja Emma, was ist denn mit dir los?

Emma: Wir wollen ein Eis und wir haben keins mehr zu Hause und Tom meinte, wir können mit dem Bus in die Stadt fahren, aber das klingt schrecklich schwer *(senkt den Kopf)*. Den richtigen Bus finden, einsteigen, bezahlen, richtig aussteigen.

Mutter Barbara: Ja, das ist doch eine schöne Idee. Busfahren ist gar nicht so schwer. Tom hat es ja in der Schule gelernt. Versucht es doch einfach mal. Nehmt das Handy mit, dann könnt ihr mich erreichen, wenn was ist. Ich bin nun zu Hause. Tom, hol doch mal dein Handy, dann kannst du Emma mal zeigen, wie man mit der Bus- und Bahn-App den richtigen Bus ganz leicht finden kann.

Tom: Ich brauche es gar nicht holen, hab es in der Hosentasche *(holt sein Handy aus der Hosentasche und hält es vor Emma und sich)*. Schau Emma, wir geben einfach unsere Straße und den Ort ein und die Straße der Eisdiele *(tippt auf seinem Handy und Emma guckt weiterhin begeistert auf das Handy)* und nun haben wir eine Liste von Möglichkeiten, wie wir in die Stadt kommen. Das Handy zeigt dir die nächste Haltestelle, sagt dir die Busnummer und ob wir umsteigen müssen, wo wir umsteigen müssen und wo wir aussteigen. Ja guck Emma,
da steht dann auch noch, um wie viel Uhr wir dort sein müssen und wann wir ankommen.

Emma *(staunt)*: Wow! Ist das Busfahren umsonst?

Tom: Nein, das müssen wir bezahlen, Emma.

Mutter Barbara: Ich gebe euch etwas Geld mit. Am besten ist immer genug Kleingeld, da der Busfahrer so am besten das Wechselgeld rausgeben kann *(gibt Tom Geld aus ihrer Hosentasche)*.
So, das dürfte auch noch für zwei Eisbecher reichen.

Tom: Emma, lass uns dann jetzt los, in 8 Minuten kommt der Bus. Der wartet nicht auf uns, wenn er da ist und alle eingestiegen oder ausgestiegen sind, fährt er weiter. Der Bus hat eine feste Strecke, die er mit Zeitdruck fahren muss.

Emma *(ergreift Toms Hand)*: Oh, ich bin so aufgeregt!

Szene 2:

Emma *(fragend):* Aber Tom, da sind ja zwei Bushaltestellen, die so wie unsere Straße heißen, woher wissen wir, welche die richtige ist?

Tom: Ach Emma, das ist doch ganz einfach, hier an der Bushaltestelle hängt ein Busplan und auf dem steht, in welche Richtung der Bus fährt.

Emma: Oh, Tom, da kommt ein Bus, aber der fährt ja einfach an uns vorbei, Tom.

Tom: Ja, Emma, das war ja auch die Nummer 25, die hält hier nicht. Aber schau da, da kommt die 5, oben auf der Anzeige siehst du eine große 5 *(zeigt auf den Bus und Emma läuft los; ruft laut)* STOPP EMMA!!! Es ist wichtig, dass du drei Schritte Abstand vom Bordstein hältst, wenn der Bus einfährt und du wartest, bis der Bus steht, sonst wirst du noch überfahren.

Emma: Oje Tom, das möchte ich aber nicht.

Tom: So, jetzt müssen wir noch warten, bis sich die Türen öffnen und alle Leute ausgestiegen sind, erst dann steigen wir ein.

Emma: So, jetzt aber rein.

Tom: *(Hält die losrennende Emma fest).* Emma, wir müssen doch erst eine Karte kaufen *(schaut den Busfahrer an),* wir hätten gerne zwei Fahrkarten für Kinder zum Markplatz.

Busfahrer Harald: Das wären dann 2,60 insgesamt.

Emma *(holt, als sie sitzen, ihren iPod aus der Tasche):* Möchtest du mithören? Wir fahren ja jetzt ein bisschen ...

Tom: Nein, Emma. Es ist wichtig, dass wir aufpassen welche Haltestellen vom Lautsprecher gesagt werden, damit wir wissen, wann wir aussteigen müssen. Gerade weil du noch nicht so gut lesen kannst, musst du besonders aufpassen. Steck ihn wieder ein.

Emma *(etwas enttäuscht):* Okay, schade ...

Tom: Manchmal versteht man die Lautsprecheransagen auch nur ganz schlecht. Deswegen sollte man sich auch die großen Gebäude merken, an denen man vorbeifährt. So kann man ungefähr wissen, wo man ist und wie weit man noch fahren muss *(zeigt auf die an der nächsten Haltestelle einsteigende ältere Dame):* Komm Emma, lass uns aufstehen und für die ältere Frau Platz machen *(zu ihr gerichtet):* Sie können sich auf unsere Plätze setzen.

Oma Hiltraut *(mit zittriger Stimme):* Oh, danke ihr netten Kinderlein. Das ist sehr lieb von euch, dass ihr mir Platz macht.

Emma: Tom, warum haben wir das gemacht?

Tom: Na ganz einfach: Wir sind noch sehr jung und können besser stehen und uns festhalten als zum Beispiel ältere Menschen oder Menschen mit Behinderung. Manche brauchen sogar einen Gehstock, um überhaupt gehen zu können, so wie diese ältere Frau.

Emma: Ah, ich verstehe. Als ich in Mamas Bauch war, konnte sie auch nicht gut stehen, hat sie mir erzählt. Heißt das, wenn eine Frau mit Baby im Bauch in den Bus kommt, macht man ihr dann auch den Platz frei?

Tom: Ja, ganz genau!

Oma Hiltraut *(mit zittriger Stimme):* Sehr gut erkannt, meine lieben Kinderchen. Man soll am besten für alle anderen, die schlechter stehen können als man selbst, den Platz frei machen. Alte Menschen wie ich, kranke Menschen, die zum Beispiel ein Bein gebrochen haben und auf Krücken laufen müssen, schwangere Frauen, aber auch Menschen mit Behinderungen können oft schlecht stehen und sich festhalten. Für alle diese Menschen sollte man seinen Platz freimachen.

Tom: Genau! So haben wir das auch in der Schule gelernt.

Emma: Okay, das habe ich verstanden!

Oma Hiltraut: Sehr gut, was ihr in der Schule gelernt habt. Da sieht man wieder wie wichtig es ist, gut aufzupassen.

Emma: Schau da! *(Zeigt aus dem Fenster)* Die Eisdiele!

Tom: Richtig! Das bedeutet wir sind gleich da. Jetzt müssen wir den Stopp-Knopf drücken, damit der Busfahrer weiß, dass jemand aussteigen möchte.

Emma *(voller Vorfreude):* Ich will den Knopf drücken!! *(Drückt den Knopf)*

Tom *(lobend):* Sehr gut. Jetzt können wir schon mal rechtzeitig zur Tür gehen, damit wir gleich zügig aussteigen können.

Oma Hiltraut: Tschüss ihr lieben Kinderlein! Und danke nochmal, dass ihr mir den Platz frei gemacht habt!

Tom: Bitteschön! Auf Wiedersehen! *(Winkt gemeinsam mit Emma Oma Hiltraut zu)*

Szene 3:

Tom *(hält Emma an der Schulter fest):* Halt Emma, wir müssen zwar jetzt zügig aussteigen, aber drängeln ist verboten. Sonst könnte jemand stolpern oder aus dem Bus fallen. Der Busfahrer wartet, bis alle aus- und eingestiegen sind.

Emma: Oh nein, das wäre schlimm ... Keiner soll aus dem Bus fallen ... *(steigt langsam mit Tom aus).* Geschafft! Ich will jetzt aber ein Eis haben!!

Tom: Ja, wir sind ja gleich da. Siehst du, da drüben ist schon die Eisdiele. Noch ein paar Schritte und du bekommst dein Eis! Und danach können wir wieder mit dem Bus nach Hause fahren!

Emma *(stolz):* Ja, und dann kann ich dir sagen, wie das mit dem Busfahren geht!

Dank
Die Autoren bedanken sich für die kreativen Anregungen bei den (ehemaligen) Studierenden, die das Drehbuch im Rahmen eines Seminars an der Justus-Liebig-Universität Gießen entwickelt haben:

Selina Jakob, Laura Vetter und Tim Waldschmidt

6.2.7 „Eine abenteuerliche Busfahrt“

Abb. 31: Zwei Mädchen an einer Bushaltestelle (© Living Puppets)

Zielgruppe:	Grundstufe im Förderschwerpunkt Lernen/inklusive Grundschule
Thematische Einordnung:	Mobilitäts- und Verkehrserziehung/ÖPNV-Training
Groblernziel:	Erlernen des situationsangemessenen Verhaltens im ÖPNV
Feinlernziele:	Die SchülerInnen ... ▪ ... können eine Busfahrt vorbereiten. ▪ ... benehmen sich angemessen während einer Busfahrt. ▪ ... bewältigen den Ausstieg aus einem Bus.
Beteiligte Puppen:	**Ronja, neun Jahre** **Lotta, neun Jahre**
Requisiten:	▪ Bank ▪ Haltestellenschild ▪ Armbanduhr

Biografien der Puppen

Ronja

- 9 Jahre alt
- Schülerin einer dritten Klasse
- Familie: Mutter, Verkäuferin, und Vater, LKW-Fahrer, keine Geschwister
- Hobbys: Fußball spielen mit den Nachbarsjungen, TV schauen, Videospiele
- Ronja ist chaotisch und extrovertiert, aber auch freundlich.
- Hinweis: Normalerweise geht sie nach der Schule zu ihrer Oma, die nicht weit weg von der Schule wohnt.

Lotta

- 9 Jahre alt
- Schülerin einer dritten Klasse
- Familie: Mutter, Erzieherin, und Vater, Bankangestellter, Bruder Torben und Schwester Annika
- Hobbys: lesen, Geige spielen, Fahrrad fahren
- Lotta ist fleißig, ordentlich und zuverlässig.
- Hinweis: Sie hat mit ihrer Mutter das Busfahren geübt.

Szene 1:

Lotta *(läuft zur Bushaltestelle, setzt sich dort auf die Bank und schaut auf ihre Uhr):* In 5 Minuten kommt endlich der Bus.

Ronja *(kommt pfeifend und hüpfend an der Bushaltestelle an):* Hallo Lotta.

Lotta *(leise):* Hallo.

Ronja *(folgt den vorbeifahrenden Autos mit ihrem Blick):* Boah, der war aber schnell! Boah, cool!!!

Lotta *(steht auf und zieht an Ronjas Schulter):* Ronja, pass auf die Autos auf!

Ronja *(schüttelt Lottas Hand weg):* Das kann ich schon alleine.

Lotta *(geht zwei Schritte zurück und wartet weiter auf den Bus):* Sag mal, bist du noch nie alleine Bus gefahren?

Ronja *(trotzig):* Nee, aber das kann ja nicht so schwer sein.

Lotta: Mit welchem Bus fährst du denn?

Ronja *(schaut Lotta kurz an):* Mit der 1.

Lotta: Schön, dann fahren wir ja zusammen.

Ein Bus nähert sich.

Ronja *(rennt Richtung Tür):* Oh cool, da ist ja schon der Bus! Platz da! Hier kommt Ronja!

Lotta *(läuft Ronja hinterher):* Ronja, was machst du denn da? *(steigt ebenfalls ein)*

Szene 2:

Ronja *(drängelt sich durch den Bus und an den Fahrgästen vorbei und sucht sich den erstbesten freien Sitzplatz; ruft laut):* Platz da! Ich will hier durch! Da hinten ist ein freier Sitzplatz für mich! Lasst mich durch! *(setzt sich hin)* Jetzt kann ich aus dem Fenster gucken. Busfahren ist schön!

Lotta *(kommt Ronja langsam hinterher, ohne zu drängeln und andere Fahrgäste zu stören):* Entschuldigung *(tippt einen Fahrgast an),* darf ich bitte vorbei? Dankeschön. *(läuft zu Ronja)* Darf ich mich zu dir setzen? *(setzt sich hin)* Ronja, was machst du denn hier?

Ronja *(leicht trotzig):* Na, ich will nach Hause fahren, das weißt du doch!

Lotta: Ich wusste ja gar nicht, dass du umgezogen bist.

Ronja *(erstaunt):* Umgezogen?! Wovon redest du?

Lotta: Ist dir nichts aufgefallen?

Ronja: Aufgefallen? Nein!

Lotta: Wir sitzen in der 2.

Ronja: Nein, ich sitze in der 1.

Lotta: Guck mal auf die Anzeige da oben.

Ronja *(schaut auf die Anzeige; erschrocken):* Nein! Was? Nein! Das kann nicht sein! *(weinerlich)* Nein, ich sitze im falschen Bus. Ich wollte doch nur nach Hause fahren.

Lotta: Ganz ruhig. Das bekommen wir schon gemeinsam hin. Ich zeige dir, wie es geht.

Ronja: Aber ich dachte, ich hab alles richtig gemacht.

Lotta: Komm, wir steigen an der nächsten Haltestelle aus *(drückt den Knopf zum Halten des Busses).* So, wir müssen aussteigen. Komm mit *(fasst Ronja an der Hand und steigt mit ihr ohne Drängeln aus).*

Szene 3:

Lotta *(schaut gemeinsam mit Ronja nach rechts und links, um die Straßenseite zu wechseln; dort warten sie auf den Bus, der sie wieder zurück bringt):* Da hast du dich aber ganz schön erschrocken, dass du den falschen Bus genommen hast, oder?

Ronja *(blickt nach unten und nickt):* Ja.

Lotta: Du warst auch ganz schön nervös, als du auf den Bus gewartet hast. Damit dir so etwas nicht nochmal passiert, habe ich eine Idee! *(Schaut die verschämte Ronja aufmunternd an)* Es gibt eine Checkliste. Wenn du dich an diese Punkte hältst, wirst du zum Profi in Sachen Busfahren!

Ronja: Eine Checkliste? Klingt spannend.

Lotta: Es ist eigentlich wie in der Schule, du musst dich an ein paar kleine Regeln halten und dann kann nichts mehr schief gehen. Versprochen!

Ronja *(leicht genervt):* Wie in der Schule?

Lotta *(lacht):* Keine Angst, so viel ist es nicht und ich gehe die Checkliste gemeinsam mit dir durch.

Ronja: Okay. Dann geht die Zeit schnell rum und wir können dann in den richtigen Bus einsteigen. Ich bin bereit.

Lotta: Punkt 1 auf der Liste lautet folgendermaßen: Es ist wichtig, dass du an der Haltestelle immer hinter dem Haltestellenschild wartest *(zeigt auf das Schild; tritt mit Ronja ein paar Schritte hinter das Schild)* Von hier aus kannst du die Autos genauso gut beobachten, wirst aber nicht so schnell abgelenkt und es ist für dich nicht so gefährlich.

Ronja: Okay. Hinter dem Schild warten. Das klingt wirklich nicht schwer.

Lotta: Punkt 2 auf der Liste ist folgender: Wenn nun ein Bus an die Haltestelle fährt, musst du dir ganz vorne oder an der Seite des Busses anschauen, welche Nummer der Bus hat. Dann weißt du, ob es der Bus ist, mit dem du fahren willst, oder ob du noch ein bisschen warten musst.

Ronja: Hm. Nummer angucken. Ist ja auch nicht schwer *(aufgeregt)*. War es das schon? Bin ich nun ein Profi?

Lotta: Nein. Ein paar Punkte fehlen noch, aber gleich haben wir es geschafft. Punkt 3 ist: Wenn dein Bus kommt, dann lässt du die Leute zuerst aussteigen, bevor du einsteigen kannst. Dann gibt es kein Gedrängel an der Tür.

Ronja *(erstaunt):* Aber ich will doch den Bus nicht verpassen und so schnell wie möglich einsteigen!

Lotta: Keine Angst! Der Busfahrer sieht, wer einsteigen möchte und wartet, bis alle Leute, die vor dem Bus gewartet haben, eingestiegen sind. Du hast also genug Zeit und musst dich nicht beeilen.

Ronja: Zeit lassen. Okay, verstanden. Und wenn ich dann eingestiegen bin, dann suche ich mir schnell einen Sitzplatz, oder?

Lotta: Fast richtig. Das ist Punkt 4: Am besten du schaust dich erst um, ob es Menschen gibt, die vielleicht dringender einen Platz benötigen als du. Alte Menschen oder Frauen mit kleinen Kindern. Wenn aber genügend Plätze frei sind, dann kannst du dir natürlich einen Platz suchen, wenn du nicht stehen möchtest.

Ronja: Nach Leuten schauen, die eher sitzen müssen, das merke ich mir. Nun kann doch aber nichts mehr schiefgehen während der Fahrt, oder?

Lotta *(schaut auf ihre Uhr):* Oh, unser Bus müsste gleich kommen, aber einen Punkt auf unserer Checkliste gibt es noch. Das ist dann der 5. und letzte Punkt: Wenn du nun im Bus sitzt oder stehst, ist es den anderen gegenüber besser, nicht ganz so laut zu sein. Auch wenn du gerne singst, im Bus verhält man sich besser leise und stört somit niemanden. Zu Hause kannst du natürlich so laut singen wie du möchtest, also natürlich nur, wenn deine Eltern deine Stimme ertragen.

Ronja: Was soll das denn heißen? Ich singe doch fabelhaft. Willst du mal hören?

Lotta *(etwas hektisch):* Äh, nein. Schon gut. ich glaube dir, dass du ganz toll singen kannst.

Ronja: Also besser zu Hause singen und nicht im Bus *(schaut in die Richtung des heranfahrenden Busses).*

Lotta: Nun kannst du zeigen, was du dir von meiner Checkliste merken konntest.

Ronja: Ich bin doch jetzt ein Profi. Warte mal ab! *(schaut sich den Bus genau an).* Wir müssen zurück zur Schule in Richtung Blumenstadt mit der Linie 1 fahren. Am Bus steht Linie 1 Richtung Blumenstadt. Also ist das unser Bus. Richtig?

Lotta: Super Ronja! Du hast dir den Bus ganz genau angeguckt. So steigen wir nicht in die falsche Linie ein.

Ronja *(geht mit Lotta einen Schritt zur Seite):* Warte. Wir müssen erst warten, bis alle ausgestiegen sind, dann können wir einsteigen. Der Busfahrer wartet auf uns *(nach einem Moment Warten steigt sie mit Lotta ein).* Ich glaube, wir bleiben lieber stehen. Ich sehe gerade keinen freien Platz.

Lotta: Und was wäre, wenn du doch einen freien Platz sehen würdest?

Ronja: Ich setze mich hin, ist doch klar *(überlegt)*. Nein nein, ich schaue ob ich den Platz lieber für eine andere Person frei halte.

Lotta: Sehr gut, du machst das wirklich gut, Ronja.

Beide schauen während der Fahrt ruhig aus dem Fenster, bis im Bus die Ansage kommt, dass die nächste Station „Schule" ist.

Ronja: Hast du gehört, Lotta? Die nächste Station müssen wir aussteigen *(als der Bus hält, steigt sie mit Lotta aus)*. Was sagst du nun? Profi oder nicht?

Lotta *(lacht):* Das war prima. Also definitiv Profi! *(schlägt ihre Hand in Ronjas ein)*

Sehr geehrte Leserin, sehr geehrter Leser,
uns interessieren Ihre ganz persönliche Meinung sowie Ihre Interessengebiete. Beides ist für die zukünftige Arbeit unseres Verlages sehr wertvoll. Vorteil für Sie: Über entsprechende Neuerscheinungen werden Sie regelmäßig informiert. Sie erhalten unsere Bücher im Buchhandel oder direkt beim Verlag.

Diese Karte lag im Buch (bitte eintragen!):

Verlags-Bestell-Nr. ____________

Aufmerksam wurde ich auf das Buch durch:

- ○ Verlagsprospekt
- ○ Empfehlung meines Buchhändlers
- ○ Empfehlung eines/r Bekannten
- ○ Anzeige in einer Zeitschrift
- ○ Fortbildung beim Autor
- ○ Namen des Autors
- ○ Pressebesprechung
- ○ Internetrecherche allgemein
- ○ Homepage des Verlages
- ○ Geschenk

Mein Urteil:

Ich arbeite im Fachbereich: ________________________________

Unter allen Einsendern verlosen wir kleine Aufmerksamkeiten. Ihre Rezension wird ggf. **vollkommen anonym** zu Werbezwecken verwendet.

Bitte informieren Sie mich über folgende Sachgebiete:

- ○ Entwicklungsförderung in Theorie und Praxis
- ○ Diagnostik / Frühförderung
- ○ Kita
- ○ Grundschule
- ○ Sonderpädagogik / Sozialpädagogik / Heilpädagogik
- ○ Ergotherapie / Neurologie
- ○ Sprachheilpädagogik / Sprachtherapie / Logopädie
- ○ Praktische Psychologie / Trainingsprogramme
- ○ Psychotherapie und Beratung
- ○ ____________________
- ○ ____________________

Bitte den Absender auf der Rückseite nicht vergessen!

L 9206 12_20

Szene 4:

Ronja *(steht mit Lotta hinter dem Bushaltestellenschild wie zu Beginn und wartet mit ihr auf den richtigen Bus):* Du, Lotta?

Lotta: Ja?

Ronja: Danke!

Lotta *(fragend):* Wofür?

Ronja: Na ja, dafür, dass du mit mir in den falschen Bus eingestiegen bist. Und dass du mir deine Checkliste verraten hast.

Lotta: Ach, dafür doch nicht. Das hab ich doch gerne gemacht.

Ronja: Ich meine das wirklich ernst.

Lotta *(fröhlich):* Das weiß ich doch.

Ronja: Du hattest Recht. Von hier aus sehe ich die Autos genauso gut.

Lotta: Ich freue mich, dass du es verstanden hast. Das machst du wirklich gut.

Ronja *(schaut nach rechts und links):* Schau mal, da kommt unser Bus. Und jetzt ist es der richtige *(wartet mit Lotta, bis der Bus hält, und geht dann mit ihr zur Tür)* Ich wiederhole nochmal: Punkt 1: Hinter dem Haltestellenschild warten. Haben wir erledigt. Punkt 2: Die Busnummer anschauen. Das haben wir auch erledigt. Punkt 3: Leute aussteigen lassen. Das machen wir jetzt.

Lotta *(erfreut):* Wunderbar. Genauso ist es richtig *(steigt ruhig mit Ronja in den Bus ein).*

Ronja *(zeigt auf eine ältere Dame):* Schau mal, Lotta. Die Frau kann sich hier vorne hinsetzen. Dann sehe ich keine weitere Person, die einen Sitzplatz braucht. Da hinten *(zeigt in eine andere Richtung)* sind noch Plätze frei. Dort können wir uns hinsetzen.

Lotta: Ganz toll, Ronja.

Ronja: Ach so, das ist Punkt 4 gewesen.

Lotta *(laut):* Ich bin richtig begeistert!

Ronja *(leicht ermahnend):* Lotta, das war ein bisschen laut. Punkt 5 sagt, dass ich im Bus leise sein soll. Vielleicht hast du die Oma da vorne gestört.

Lotta: Du hast Recht, das war etwas zu laut.

Ronja: Jetzt bin ich ein echter Profi.

Lotta: Ja, das bist du wirklich. Jetzt kannst du wirklich alleine und sicher Bus fahren. Hier muss ich aussteigen. Du fährst noch ...

Ronja: ... ich weiß. Nur noch eine Haltestelle weiter. Und ich steige so aus, wie ich einsteige. Langsam und ohne zu drängeln.

Lotta: Genau. Eben ein echter Profi. Mach es gut, Ronja. Bis morgen in der Schule.

Ronja: Ja, du auch. Bis morgen! *(zum Publikum gewandt)* Ich bin nun ein echter Profi. Ihr auch?

Dank
Die Autoren bedanken sich für die kreativen Anregungen bei den (ehemaligen) Studierenden, die das Drehbuch im Rahmen eines Seminars an der Justus-Liebig-Universität Gießen entwickelt haben:

Katharina Reichel und Vicky Schwunk

6.3 Gesundheitsförderung

6.3.1 „Probieren geht über studieren – oder etwa doch nicht?!"

Abb. 32: Mädchen und Junge bei Pillenübergabe (© Living Puppets)

Abb. 33: Mädchen und Junge Arm in Arm (© Living Puppets)

Zielgruppe:	Hauptstufe im Förderschwerpunkt Lernen/inklusiver Unterricht
Thematische Einordnung:	Gesundheitsförderung/Suchtprävention
Groblernziel:	Sensibilisierung für Risiken des Suchtmittelkonsums
Feinlernziele:	Die SchülerInnen ... ▪ ... erfahren die Folgen des unerlaubten Drogenbesitzes. ▪ ... erkennen die Merkmale von Suchtverhalten. ▪ ... können angebotene Drogen ablehnen.
Beteiligte Puppen:	**Anni, 15 Jahre** **Vinni, 16 Jahre** **Pillen-Peter, 17 Jahre**
Requisiten:	▪ Tütchen mit „Ecstasy“ (Smarties) ▪ Zigarette ▪ Sonnenbrille ▪ 20 €

Biografien der Puppen

Anni

- Richtiger Name: Annika
- 15 Jahre alt
- Geschwister: Mia (9) und Lisa (21)
- Bester Freund: Vinni (besuchen beide Klasse 10 b)
- Hobbys: tanzen, Musik hören, Freunde treffen
- Anni hat noch nie Drogen genommen; würde es gerne probie-ren,
  da einige ihrer Klassenkameraden auch schon Drogen nehmen

Vinni

- Richtiger Name: Vinzent
- 16 Jahre alt
- Geschwister: Sven (19; befreundet mit Pillen-Peter)
- Beste Freundin: Anni (besuchen beide Klasse 10 b)
- Hobbys: HipHop-Tanz, Musik hören, Fußball
- Vinni hat noch keine Drogenerfahrung; lehnt diese auch ab; er hinterfragt vieles und ist sehr reflektiert

Pillen-Peter

- Richtiger Name: Peter
- 17 Jahre alt
- Peter lebt bei seiner Großmutter
- Hobbys: HipHop-Tanz, Musik hören, Fußball
- Pillen-Peter nimmt regelmäßig Drogen (Marihuana, Ecstasy); er verkauft Drogen auf dem Schulhof, geht aber selbst nicht mehr zur Schule, seit er beim Drogenverkauf erwischt wurde

Szene 1:

Anni	*(schaut sich suchend um):* Hey Vinni, da bist du ja! Wie geht´s? *(umarmt Vinni)*
Vinni	*(lächelt):* Hey Anni. Schön, dich zu sehen! Ach, mir geht´s ganz gut, aber Mathe gerade war sooo ätzend.
Anni:	Ach Vinni, hör auf mit dem langweiligen Kram. Komm mal lieber her, ich muss dir was erzählen.
Vinni:	Was ist denn los, Anni?
Anni	*(flüstert in Vinnis Ohr):* Ich habe gehört, dass auf dem Schulhof Drogen verkauft werden.
Vinni:	Was? Echt? Wie, wo, von wem denn?
Anni	*(nickt):* Irgend so ein Peter soll das hier verkaufen.
Vinni	*(packt sich entsetzt an den Kopf):* Oh nein, etwa Pillen-Peter?
Anni:	Was, du kennst den? Nimmst du etwa auch Drogen?
Vinni	*(schüttelt energisch den Kopf):* Nein, spinnst du! Ich doch nicht! Du etwa?
Anni	*(schaut verlegen):* Nein, Drogen habe ich noch nie genommen. Manchmal trinke ich Bier und geraucht habe ich auch schon mal ... machen ja auch schließlich alle! Aber...ich meine: Frau Weber sagt doch immer „probieren geht über studieren“ ... und da dachte ich ... *(schaut zu Boden)*
Vinni:	Mensch Anni, Drogen sind doch nochmal eine ganz andere Nummer! Hast du dir den Pillen-Peter schon mal angeschaut?! Ich sag nur *(zeigt einen Vogel und pfeift dabei)*
Anni:	Ach, und wenn der Pillen-Peter doch eine Schraube locker hat. Woher kennst denn DU ihn dann? Hm? *(zeigt auf Vinni)*
Vinni:	Naja, Pillen-Peter ist ein Bekannter von meinem älteren Bruder Sven. Sven raucht auch ab und zu Gras. Das bekommt er von Peter.
Anni	*(schaut neugierig):* Echt?! Krass! Und was erzählt dein Bruder da so? Ist das wirklich so geil, wie alle immer sagen?
Vinni:	Anni, dazu kann ich nichts sagen. Ich hab es ja noch nie ausprobiert und will es auch nicht. Wieso willst du das denn überhaupt so genau wissen?

Anni	*(schaut verlegen zur Seite):* Naja, also, gegen probieren spricht doch nichts, oder?! Schließlich haben ein paar Andere aus der Klasse das auch schon gemacht.
Vinni	*(guckt entsetzt):* Ey Anni, geht es noch? Drogen nehmen?
Anni:	Zumindest angucken kann ich mir den Pillen-Peter ja mal. Kommst du mit? *(wendet sich zum Gehen)*
Vinni	*(hält Anni am Arm fest):* Hey Anni, warte mal. Weißt du überhaupt, was für Konsequenzen das hat?
Anni	*(läuft davon und ruft laut):* Blablablablabla
Vinni	*(ruft ihr hinterher):* Halluzinationen ... Schwindel ... Depressionen ... und noch dazu ist es ILLEGAL!!!

Szene 2:

Pillen-Peter	*(sitzt am Boden, zappelt herum und raucht eine Zigarette):* Pssst ... Hey!!

Anni schaut erschrocken auf und dann weg.

Pillen-Peter:	Pssssssst ... HEY!
Anni	*(zeigt auf sich):* Meinst du mich?
Pillen-Peter:	Ja, du! *(nickt und macht eine Handbewegung)* Komm mal her. Willste was kaufen?
Anni:	Bist du etwa der Pillen-Peter?
Pillen-Peter	*(springt auf, schaut sich erschrocken um, reißt die Arme hoch):* Was, wie, wo, woher kennst du mich? Scheiße – sind hier etwa die Bullen?
Anni	*(klopft ihm beruhigend auf die Schulter):* Nein nein, alles gut. Ich bin eine Freundin von Sven!
Pillen-Peter:	Ah puh... ok ... Sven ... korrekter Typ ...
Anni:	Hast du Marihuana?

Pillen-Peter *(schüttelt den Kopf):* Gras ist leider aus, Schätzchen! Aber ich hab hier was ganz besonderes im Angebot, das gefällt dir bestimmt! Warte mal kurz *(wendet sich zu einem Versteck ab und zieht ein Tütchen hervor).*

Anni *(hält sich erschrocken die Hand vor den Mund):* Wie, was ist das denn? Was soll ich denn mit Tabletten – ich habe doch keine Kopfschmerzen!

Pillen-Peter: Das sind keine normalen Tabletten, Kleines. Das sind Wunderpillen!

Anni: Wunderpillen???

Pillen-Peter *(nickt übertrieben):* Die knallen so richtig rein. Damit siehst du die Welt in den schillerndsten Farben.

Anni *(schaut zu Boden und dann zu allen Seiten):* Mmh... ich weiß nicht so richtig. Ist das nicht gefährlich?

Pillen-Peter: Ha, gefährlich! Was bist du denn für eine Langweilerin? No risk no fun, baby – das ist mein Motto *(zieht seine Sonnenbrille runter).*

Anni: Was, ich? ich bin doch keine Langweilerin. Es ist nur ... also ... Ich bin halt gerade nicht so flüssig.

Pillen-Peter *(überlegt):* Ach so, wenn es nur das ist. Na gut, komm, 20 €. Freundschaftspreis – hier haste das Zeug!

Anni *(überlegt):* Hm, 20 € also ... hm ... na gut *(greift sich in die Hosentasche, zieht einen Geldschein heraus, schaut sich um, übergibt schließlich das Geld und bekommt dafür die Pillen. Schaut sich die Drogen erschrocken an, packt sie ein und rennt davon).*

Pillen-Peter *(nickt):* Wunderpillen?! Du wirst dein blaues Wunder erleben.

Szene 3:

Anni *(tippt Vinni auf den Rücken):* Hey Vinni, schau mal! *(zeigt Vinni die Pillen)*

Vinni *(schaut sich die Pillen an, legt dabei den Kopf in Schieflage):* Was ist das denn?

Anni *(begeistert):* Na, Wunderpillen von Pillen-Peter!

Vinni *(entsetzt und etwas lauter):* Was! Wieso hast du dir die denn gekauft? Weißt du denn, was da drin ist?

Anni:	Hm *(überlegt kurz)* nee, so direkt habe ich nicht gefragt ... Aber Pillen-Peter meint, mit denen sieht man die Welt in den schillerndsten Farben! *(Begeistert)*
Vinni:	Aha *(entsetzt),* und du willst dir die jetzt einfach so rein pfeifen? Weißt du denn, wie viele du davon nehmen musst?
Anni	*(verlegen):* Joa, vielleicht eine oder eine halbe!? Ich dachte, probieren kann ich es ja mal.
Vinni	*(ängstlich):* Oh Anni! *(schlägt die Hände über dem Kopf zusammen)* Mir ist da nicht so wohl bei der Sache. Schlaf doch bitte nochmal eine Nacht drüber und informier dich erst mal im Internet über die Nebenwirkungen von deinen vermeintlich ach so tollen Wunderpillen!
Anni:	Ach Vinni, *(abwehrende Handbewegung)* sei mal nicht so ein Spaßverderber! Aber okay, dir zu liebe schlaf ich nochmal eine Nacht drüber! Bis morgen!

Szene 4:

Am nächsten Tag.

Vinni	*(aufgeregt und abrupt):* Und Anni, hast du schon die Sache mit Pillen-Peter gehört?
Anni	*(neugierig):* Nein, was ist los? Erzähl!
Vinni	*(nüchtern):* Naja, der wurde gestern schon wieder von den Bullen beim Dealen erwischt! Schon zum zweiten Mal! Wenn er Glück hat, muss er ‚nur' zehn Sozialstunden leisten, ansonsten läuft eine Strafanzeige wegen unerlaubtem Drogenbesitz und wenn es schlecht für ihn läuft, muss er in den Knast!
Anni	*(entsetzt und erschrocken):* Was? *(hält sich die Hand vor den Mund)* Oh Gott! Wie, zum zweiten Mal?
Vinni:	Wusstest du das gar nicht? Vor ungefähr einem Jahr wurde er wegen der Dealerei auch von der Schule geschmissen!
Anni	*(erschrocken und kleinlaut):* Nein *(schüttelt leicht den Kopf).*
Vinni:	Naja, was dachtest du denn, was passieren wird, wenn man ihn erwischt?

Anni *(kleinlaut):* Ich weiß nicht, ich habe mir darüber ehrlich gesagt noch nie Gedanken gemacht …

Vinni *(bestürzt und etwas resignierend):* Ja, so endet es halt. Wusstest du, dass Peter in die ganze Drogensache auch reingerutscht ist? Er wollte auch cool sein und Drogen nur mal ausprobieren. Leider ist er dann nicht mehr von dem Zeug runtergekommen und jetzt ist er selbst Dealer, damit er seine Sucht noch irgendwie finanzieren kann. Der Kerl kann einem echt leidtun! *(Senkt den Kopf leicht zu Boden)* Viele Freunde hat er durch die Sache auch verloren … hatte Schulden bei fast allen … *(zuckt mit den Schultern)*

Anni *(betrübt):* Oh Gott, nein, das wusste ich alles nicht … *(lässt den Kopf leicht hängen)*

Vinni: Hast du dir denn die Sache mit den Pillen nochmal überlegt?

Anni: Ja … *(kleinlaut)* ich hab sie gestern Abend im Klo runtergespült. Nachdem ich etwas im Internet unterwegs war und auf die ganzen Nebenwirkungen gestoßen bin, wurde mir selbst ganz übel. *(Entsetzt)* Du hattest Recht, Vinni! Nichts mit den schillerndsten Farben, vielmehr Herzrasen, Schwindel und Übelkeit bis hin zur Angststörung oder Desorientierung! *(Legt die Hand auf Vinnis Schulter)* Danke, dass du mich daran gehindert hast, die Pillen zu nehmen!

Vinni *(beruhigt):* Ach Anni, nichts zu danken! Dafür sind gute Freunde doch da! Das Motto „probieren geht über studieren“ scheint jedoch nicht ganz zu stimmen – vielleicht sollten wir das demnächst mal mit Frau Weber ausdiskutieren.

Anni *(erfreut):* Das ist eine gute Idee! Ich lasse in Zukunft erst mal die Finger von Drogen!

Dank
Die Autoren bedanken sich für die kreativen Anregungen bei den (ehemaligen) Studierenden, die das Drehbuch im Rahmen eines Seminars an der Justus-Liebig-Universität Gießen entwickelt haben:

Jasmin Fischer und Lena Müller

6.3.2 „Oma kann es nicht lassen“

Abb. 34: Oma betrunken mit Bierflasche im Sessel (© Living Puppets)

Abb. 35: Oma mit Enkelin im Jugendzimmer (© Living Puppets)

Zielgruppe:	Berufsschulstufe im Förderschwerpunkt Lernen/inklusiver Unterricht
Thematische Einordnung:	Gesundheitsförderung/Suchtprävention
Groblernziel:	Sensibilisierung für Risiken des Suchtmittelkonsums
Feinlernziele:	Die SchülerInnen ... ▪ ... erkennen Gründe für Suchtmittelkonsum. ▪ ... erkennen die Merkmale von Suchtverhalten. ▪ ... können angebotene Drogen ablehnen.
Beteiligte Puppen:	**Oma Gertrud, 72 Jahre** **Linda, 15 Jahre** **Tom, 17 Jahre**
Requisiten:	▪ Bierflaschen ▪ Limoflaschen ▪ Schultasche ▪ Kopfhörer ▪ Musik ▪ Tablettenverpackung (Kopfschmerztabletten)

Biografien der Puppen

Oma Gertrud

- 72 Jahre alt
- War mit Willibald verheiratet, der bereits verstorben ist
- Kinder: Karla (40), Ursula (43), Heinz (45)
- Hobbys: stricken, Gymnastik, kochen, Bingo spielen

Linda

- 15 Jahre alt
- Besucht die 10. Klasse einer Gesamtschule
- Familie: Mutter Karla, Erzieherin, und Vater Bernd, Schreiner mit eigener Schreinerei; Schwester Linda studiert Innenarchitektur und lebt in Köln.
- Hobbys: Gitarre spielen, Tennis spielen, Katze Morle

Tom

- 17 Jahre alt
- Ist im zweiten Ausbildungsjahr zum Schreiner
- Macht die Ausbildung in der Schreinerei von Lindas Vater
- Hobbys: Freunde treffen, Party feiern, Alkohol trinken

Szene 1:

Oma Gertrud *(sitzt betrunken im Sessel und lallt):* Es gibt kein Bier auf Hawaii ... *(ihr Kopf fällt zur Seite, sie lacht, kann nicht aufstehen).* Hallo mein Schatz *(rülpst leise).*

Linda *(schmeißt den Ranzen in die Ecke):* Mann Oma, du hast die Tür ja schon wieder aufgelassen.

Oma Gertrud *(nippt an einer Bierflasche):* Sowas aber auch.

Linda: Nee, Oma! Nicht schon wieder! Die wievielte Flasche ist das denn heute?

Oma Gertrud: Komm doch erstmal her, mein Schatz, und gib der Oma mal ein Küsschen! *(rülpst leise)*

Linda *(nähert sich Oma und schreckt zurück):* Boah nee, Oma, du hast ne Fahne!

Oma Gertrud *(versucht aufzustehen und fällt zurück in den Sessel):* Mensch, ich hab so Kopfschmerzen. Linda, sei doch so lieb und bring mir mal meine Schmerztabletten da drüben!

Linda: Nee, Oma, du darfst doch gar keine Tabletten nehmen, wenn du Alkohol getrunken hast!

Oma Gertrud *(fasst sich an den Kopf):* Aber ich hab doch so Kopfschmerzen und mir ist es ganz schwindelig.

Linda: Oma, das ist jetzt schon das dritte Mal diese Woche, dass du eine Fahne hast, wenn ich aus der Schule komme. Ich wünsch mir von dir, dass du mal keinen Alkohol trinkst.

Oma Gertrud: Ach mein Schatz! Wenn du dir das so wünschst, dann lass ich es sein. Wenn du morgen aus der Schule kommst, habe ich keinen Alkohol getrunken.

Szene 2:

Oma Gertrud *(sitzt betrunken im Sessel und summt):* Es gibt kein Bier auf Hawaii ... *(hört sofort auf, als Linda hereinkommt; strengt sich an deutlich zu sprechen)* Hallo, mein Schatz! Da bist du ja!

Linda *(schmeißt den Ranzen in die Ecke):* Hm, die Tür war schon wieder offen, Oma.

Oma Getrud *(bemüht sich deutlich zu sprechen):* Hm, komisch. Das war bestimmt der Wind *(verbirgt ein Rülpsen hinter ihrem Arm).*

Linda: Oh, Oma. Du trinkst ja heute Limo. Ich nehm mir mal einen Schluck!

Oma Gertrud Nee, nee, das musst du nicht *(winkt ab).*

Linda: Doch, ich trink Limo so gerne *(greift nach der Flasche und nimmt einen großen Schluck, augenblicklich spuckt sie aus).* Wuahhhhh, ist das ekelig!!! Das ist ja gar keine Limo ...

Oma Gertrud *(ganz leise und beschämt):* Ja, da habe ich mir heute Morgen den Schnaps reingefüllt, damit du nicht merkst, dass ich wieder so Lust auf Alkohol hatte.

Linda *(erhebt die Stimme):* Boah, das kann doch nicht wahr sein! *(Beginnt zu weinen)* Jetzt lügst du mich schon an. Ich habe Angst um dich, weil ich weiß, dass man von zu viel Alkohol auch sterben kann. Ich komm jetzt nicht mehr zu dir.

Oma Gertrud *(beginnt ebenfalls zu weinen):* Ach, mein Schatz!

Szene 3:

Drei Tage später: Linda sitzt in ihrem Zimmer und hört über Kopfhörer Musik, nebenbei tippt sie auf ihrem Handy herum.

Oma Gertrud *(klopft an die Tür, wartet):* Linda? *(betritt vorsichtig das Zimmer)* Linda? *(tippt Linda an)* Linda?

Linda schaut und dreht sich sofort wieder weg. Oma Gertrud tippt Linda erneut an.

Linda *(nimmt die Kopfhörer ab, dreht sich zu Oma; in genervtem Ton):* Ich bin sauer, ich will dich nicht sehen.

Oma Gertrud *(schaut traurig nach unten):* Ach, mein Schatz, das tut mir wirklich sehr leid.

Linda: Das ist mir egal! Geh raus!

Oma Gertrud: Linda, lass es mich dir doch erklären. Ich hab dich wirklich sehr lieb. Es ist doch auch so langweilig, wenn du mich nach der Schule nicht mehr besuchst! Ich hab heute auch wirklich noch nichts getrunken!

Linda *(wendet sich Oma zu):* Naja, gut. Aber ich hab nicht viel Zeit, weil ich gerade das neue Album von Adele höre!

Oma Gertrud: Weißt du, Linda, ich will eigentlich gar nicht so viel Alkohol trinken.

Linda: Dann lass es doch! Das schmeckt doch so fürchterlich!

Oma Gertrud: Ja. So einfach ist das nicht für mich. Ich bin krank. Alkoholkrank.

Linda: Hä? Wenn du das doch nicht willst?

Oma Gertrud: Naja, manche sagen auch: süchtig ...

Linda: Ja, das hab ich schon mal gehört. Aber du doch nicht, Oma *(schüttelt mit dem Kopf).*

Oma Gertrud: Doch, leider schon. Weißt du, ich hab ja schon immer mit dem Opa abends gerne ein Glas Wein getrunken. Zur Entspannung und das schmeckte immer so gut zum Essen. Aber seitdem der Opa nicht mehr da ist, habe ich angefangen, immer mehr zu trinken und ich konnte nicht mehr aufhören *(schaut nach unten).*

Linda: Du trinkst, weil der Opa nicht mehr da ist?

Oma Gertrud: Naja, ich trinke, weil ich ihn dann nicht mehr so schlimm vermisse und ein bisschen lustiger werde.

Linda: Ich mag dich aber gar nicht, wenn du so bist! Aber Oma *(nimmt ihre Hand),* ich kann dich doch trösten.

Oma Gertrud: Ja, das hilft mir. Aber du kannst mir da nicht alleine helfen. Ich war heute schon bei Dr. Hugo, der kennt sich gut mit Alkoholsucht aus und kann mir helfen. Da gehe ich jetzt jeden Tag hin. Und ich verspreche dir *(streckt zwei Finger in die Luft),* dass ich nie wieder Alkohol trinken werde!

Linda *(streckt auch zwei Finger in die Luft):* Indianerehrenwort?

Oma Gertrud: Indianerehrenwort!

Linda: Oma, ich hab dich auch lieb! *(Umarmt Oma)*

Szene 4:

Linda ist auf Toms Geburtstagsparty. Beide befinden sich allein in der Küche.

Tom *(wippt mit dem Kopf zur Musik):* Geile Mukke, was?

Linda *(himmelt Tom an und wippt ebenfalls mit dem Kopf zur Musik):* Und wie! Echt coole Party, Tom!

Tom *(sieht Linda an):* Du siehst aber auch echt heiß aus heute Abend!

Linda schaut etwas beschämt, streicht sich durchs Haar.

Tom *(nimmt sich ein Bier, wippt weiterhin mit dem Kopf zur Musik):* Wuhuuuu! Willst du auch eins, damit wir auf meinen Geburtstag anstoßen können?

Linda: Oh nee! Ich trink lieber Limo. Bier schmeckt zum Kotzen *(zögert).* Findest du das jetzt schlimm?

Tom *(wendet sich Linda zu):* Nee, ich finde das voll cool. Das macht dich so besonders. Und irgendwie hast du ja auch Recht. Schmeckt wirklich nicht ... Weißt du, ich trink jetzt auch lieber ne Limo mit dir und dann gehen wir abhotten *(legt den Arm um Linda und stößt mit der Limo an).*

Dank
Die Autoren bedanken sich für die kreativen Anregungen bei den (ehemaligen) Studierenden, die das Drehbuch im Rahmen eines Seminars an der Justus-Liebig-Universität Gießen entwickelt haben:

Maria Brückel und Verena Pfannkuch

6.3.3 „Babsi hört auf …“

Abb. 36: Junge Frau mit Handy und Zigarette (© Living Puppets)

Abb. 37: Junge Frau und junger Mann küssen sich (© Living Puppets)

Zielgruppe:	Mittelstufe im Förderschwerpunkt Lernen/inklusiver Unterricht
Thematische Einordnung:	Gesundheitsförderung/Suchtprävention
Groblernziel:	Sensibilisierung für Risiken des Suchtmittelkonsums
Feinlernziele:	Die SchülerInnen ... ▪ ... erkennen die Merkmale von Suchtverhalten. ▪ ... erfahren, dass Rauchen in der Öffentlichkeit unter 18 Jahren gesetzlich verboten ist. ▪ ... erfahren, welche gesundheitlichen Konsequenzen Zigarettenkonsum haben kann.
Beteiligte Puppen:	**Babsi, 19 Jahre** **Lars, 20 Jahre**
Requisiten:	▪ Zigaretten ▪ Handy ▪ Waage

Biografien der Puppen

Babsi

- 19 Jahre alt
- Auszubildende zur Friseurin im dritten Lehrjahr
- Eltern: Mutter Beate (46) und Vater Rolf (47), seit elf Jahren geschieden; Babsi lebt bei ihrem Vater
- Hobbys: Party machen, shoppen, fotografieren, Freunde treffen, mit dem Auto fahren
- Raucherin seit fünf Jahren

Lars

- 20 Jahre alt
- KFZ-Mechaniker
- Eltern: Mutter Regina (47) und Vater Gunter (49)
- Hobbys: an Autos von Freunden und am eigenen Auto rumschrauben, Sport machen im Fitnessstudio, Fußball im Verein spielen, Party machen, Freunde treffen

Szene 1:

Babsi *(macht Pause hinter dem Friseurladen und raucht, dabei holt sie ihr Handy heraus):* Hach, ich schreib mal dem Lars. Vielleicht hat er ja heute Zeit *(sie tippt eine Nachricht in ihr Handy und wartet auf eine Antwort, es ertönt das Geräusch einer eingehenden Nachricht).* Uuuuh. YES. Er hat Zeit! Er will mit mir Inlineskaten *(wird leiser)* aber nee, dafür bin ich zu unsportlich. Ich frag' mal, ob wir nicht lieber ins Kino gehen wollen *(tippt wieder).*

Aus dem Off: Babsi, deine Kundin ist da. Kommste rein!?

Babsi *(schaut vom Handy hoch):* Jaaahaaa. Bin unterwegs!

Szene 2:

Babsi *(geht rauchend zu Lars' Wohnung und klingelt):* Dumdidum ...

Lars *(aus der Sprechanlage):* Ja?

Babsi: Hi Lars! *(hustet stark)* Babsi hier. Machste auf?

Lars *(lacht):* Hab schon gehört, dass du es bist.

Der Türsummer ertönt, Babsi betritt das Haus. In Lars` Wohnung sitzen sie auf der Couch und hören Musik, dabei wippen sie mit den Köpfen.

Lars: Gefällt dir das Lied?

Babsi: Ja. Ich liebe das! Wenn DAS auf einer Party kommt, kann ich mich nicht mehr halten *(kichert).*

Lars: Ja, stimmt. Ist schon ein geiles Lied. Ich mach' da immer meine Crunches zu. Der Beat hat dafür den perfekten Rhythmus.

Babsi: Da haste Recht.

Lars: Dazu kann man bestimmt auch super joggen.

Babsi: Wenn man joggen mag, dann bestimmt *(kichert und beginnt zu husten).*

Lars: Oh je ... Dein Husten ist aber echt böse. Aber mal ehrlich, joggen macht voll Spaß! Ich kann es dir ja mal zeigen.

Babsi: Kannste machen. Aber bitte für Anfänger und Raucherlungen.

Lars: Klar. Wir steigen ganz locker ein und die frische Luft, die du einatmest, wird deiner Lunge sicher guttun.

Babsi: Und wann wollen wir das machen?

Lars: Wie wär's mit morgen nach der Arbeit? Ich hol dich zu Hause ab und wir fahren zum See. Da können wir dann ganz ungestört laufen.

Babsi: Das klingt doch gut.

Szene 3:

Am nächsten Tag am See.

Lars: So, Babsi! Biste bereit?

Babsi *(skeptisch und hustend):* Hm, ja, ich hab ja nicht so wirklich Lust.

Lars: Das kommt schon noch. Du wirst sehen, joggen tut total gut. Hinterher bist du so richtig ausgepowert. Und wenn wir das ein paar Mal gemacht haben, geht es immer besser und deiner Lunge schadet das auch nicht. Komm Babsi, legen wir los! *(dehnt seine Beine)* Wir fangen extra etwas langsamer an, man soll es ja nicht gleich übertreiben.

Babsi *(immer noch skeptisch):* Na gut ... *(bleibt nach nur wenigen Metern stehen und keucht und hustet)*

Lars: Was ist denn? Kannst du schon nicht mehr?

Babsi *(keucht und hustet):* Ich ... ich ... ich kann das einfach nicht. Das ist mir zu viel. *(Hustet)* Meine Lunge ... .

Lars *(schockiert):* Das ist doch nicht normal! Oh Gott, Babsi, du hast ja den Körper einer alten Frau! Du bist doch gerade mal 19 ... Ich merk' schon, das hier macht keinen Sinn. Komm, wir machen da vorne ne Verschnaufpause.

Babsi *(setzt sich mit Lars an einen Steg und zündet sich eine Zigarette an):* Ahh...

Lars *(wütend):* Mann, Babsi, das kann doch jetzt nicht dein Ernst sein! So kann das doch nicht weitergehen. Ich glaub, wir müssen mal dringend über dein Rauchverhalten reden.

Babsi: Wieso? Lass mich doch machen, was ich will. Und wenn das so schlecht sein soll, dann beweis es doch! Das hat außerdem jetzt erst angefangen. Ich rauche schließlich schon seitdem ich 14 bin!

Lars *(schockiert):* Mit 14? Du weißt aber schon, dass Rauchen eigentlich erst ab 18 erlaubt ist, oder?! Naja, den Beweis, dass Rauchen schlecht ist, haben wir doch gerade wirklich gesehen. Du hast nach zwei Minuten schon aufgegeben und gekeucht und gehustet wie noch was. Ist dir überhaupt klar, dass Rauchen superschlecht für deinen Körper ist?

Babsi *(verdreht die Augen):* Das gerade war auch total anstrengend. Was soll denn am Rauchen so schlecht sein? Schmeckt doch gut und wenn ich an ner Zigarette ziehe, bin ich nicht mehr so gestresst.

Lars: Wir gehen jetzt zu mir nach Hause und dann schauen wir mal, wer von uns beiden recht hat! Ok?

Babsi: Das will ich sehen! Aber gut, dann lass uns fahren. Hauptsache, ich muss nicht mehr joggen *(drückt die Zigarette aus und schmeißt sie in den Mülleimer).*

Szene 4:

Lars *(sitzt mit Babsi auf seiner Couch):* So, dann wollen wir doch mal loslegen, oder? Ich würde sagen, du nennst immer nen Punkt, der gut ist und ich sag die Sachen, die schlecht sind. Ich hab hier so ne Waage, links sind die Vorteile und rechts kommen die Nachteile hin. Mal schauen, welche Seite am Ende schwerer ist.

Babsi *(lächelnd abwinkend):* Na, das will ich sehen. Bestimmt fallen mir tausend Vorteile ein und du verlierst. Haha!

Lars: Da wär' ich mir nicht so sicher. Also, dann sag mal, was gut am Rauchen ist.

Babsi: Zigaretten schmecken gut.

Lars *(legt einen grünen Legostein auf die linke Seite der Waage):* Ein Nachteil ist, dass Rauchen süchtig macht. Du kannst gar nicht mehr ohne diese Fluppen. Richtig abhängig bist du schon davon. Und dein Körper auch *(legt einen roten Legostein auf die rechte Seite der Waage).*

Babsi: Pfff... Sucht hin oder her, gut ist auf jeden Fall, dass es Stress abbaut.

Lars: So ein Quatsch, Babsi! Das meinst du nur, weil du merkst, dass dein Körper Nikotin braucht, weil du süchtig bist, und wenn du dann eine rauchst, ist ja klar, dass dein Körper sich wieder beruhigt.

Babsi: Ach, das glaub ich dir nicht.

Lars: Naja, wir können das ja trotzdem als Vorteil sehen und nen Stein auf die linke Seite legen. Du wirst sehen, dass ich noch genug Nachteile finden werde *(legt einen grünen Stein auf die linke Waagenseite).* Rauchen macht, dass du weniger Ausdauer hast, wie wir ja beim Joggen vorhin gesehen haben.

Babsi *(schaut bedrückt zu Boden):* Da kann ich dir leider nicht widersprechen. Ähm... mach' du erst mal weiter, mir fällt gerade nix ein.

Lars: Also ich hab noch den Punkt, dass Rauchen unfruchtbar macht. Das heißt, du kannst später vielleicht keine Kinder bekommen.

Babsi *(geschockt):* Wirklich? Oh je ... Mir fällt immer noch nichts ein.

Lars: Und zu guter Letzt fällt mir noch ein, dass Rauchen krank macht. Da können die Arterien verstopfen, die Lunge kann erkranken und sogar Krebs kann man bekommen. Und wenn's ganz blöd läuft, kann man sogar sterben *(legt noch einmal zwei Steine auf die rechte Seite der Waage).*

Babsi *(leise):* Ui, das klingt aber alles gar nicht gut.

Lars: Und wie du siehst, wiegt die rechte Seite viel schwerer als die linke. Rauchen hat also viel mehr Nachteile als Vorteile.

Babsi: Hm... wenn ich sehe, wie schlecht Rauchen ist, krieg' ich schon ein bisschen Angst. Vielleicht sollte ich wirklich damit aufhören.

Lars: Natürlich wär's besser gewesen, wenn du gar nicht erst damit angefangen hättest, aber besser jetzt als nie. Du bist ja noch jung.

Babsi: Hilfst du mir denn beim Aufhören?

Lars: Aber klar doch. Wir machen einfach ganz viele Sachen, die dich ablenken.

Babsi: Danke, Lars.

Szene 5:

Drei Monate später: Babsi hat mit Lars' Hilfe mit dem Rauchen aufgehört. Gerade haben sie gemeinsam gefrühstückt und sitzen auf Lars' Terrasse in der Sonne.

Babsi *(reckt sich):* Aaach, was für ein tolles Wetter! Da bekomm ich doch glatt Lust, irgendwas draußen zu machen.

Lars: Wir können ja später zum See spazieren und dort ne Runde schwimmen gehen.

Babsi: Klingt gut. Dann geh ich mal rein und zieh mir meinen Bikini an *(geht in die Wohnung).*

Lars *(vor sich hin murmelnd):* Vor drei Monaten hätte sie jetzt gesagt, sie muss erst noch Zigaretten holen, aber die Zeiten sind ja zum Glück vorbei!

Dank
Die Autoren bedanken sich für die kreativen Anregungen bei den (ehemaligen) Studierenden, die das Drehbuch im Rahmen eines Seminars an der Justus-Liebig-Universität Gießen entwickelt haben:

Lena Hemsing und Marie Christin Klüber

6.3.4 „Lisa schafft das“

Abb. 38: Mädchen und Junge traurig am Balancierbalken (© Living Puppets)

Abb. 39: Mädchen und Lehrerin auf dem Balancierbalken (© Living Puppets)

Zielgruppe:	Grundstufe im Förderschwerpunkt geistige Entwicklung/inklusive Grundschule
Thematische Einordnung:	Gesundheitsförderung/Bewegungserziehung
Groblernziel:	Schulung des Gleichgewichtssinns
Feinlernziele:	Die SchülerInnen ... ▪ ... laufen auf verschiedenen Untergründen. ▪ ... bewegen sich mit und ohne Hilfestellung entlang einer Markierung. ▪ ... balancieren mit und ohne Hilfestellung über eine Bank.
Beteiligte Puppen:	**Lisa, acht Jahre** **Fritzi, sieben Jahre** **Frau Honig, 60 Jahre**
Requisiten:	▪ Balancierbalken ▪ Taschentuch ▪ Matten ▪ Kissen ▪ Seile ▪ Tischtennisbälle ▪ Klebeband

Biografien der Puppen

Lisa

- 8 Jahre alt
- Schülerin in einer Schule mit dem Förderschwerpunkt geistige Entwicklung
- Hat Trisomie 21
- Ist sehr ängstlich und schüchtern

Fritzi

- 7 Jahre alt
- Schüler in einer Schule mit dem Förderschwerpunkt geistige Entwicklung
- Hat eine allgemeine Entwicklungsverzögerung
- Ist einfühlsam, fröhlich und aufgeweckt

Frau Honig

- 60 Jahre alt
- Lehrerin von Lisa und Fritzi
- Sehr empathisch
- Unterrichtet gerne – vor allem Sport

Szene 1:

Lisa	*(steht auf dem Schulhof und sieht anderen Kindern beim Balancieren zu):* Oh Mensch, wie machen die das nur? Ich möchte auch so gerne über den Balken laufen.
Fritzi	*(geht zu Lisa):* Hi Lisa, wieso guckst du denn so traurig?
Lisa	*(zeigt auf den Balancierbalken):* Hi Fritzi. Ich will das auch können!
Fritzi	*(fragend):* Meinst du den Balancierbalken?
Lisa:	Ja! Das sieht echt schwierig aus.
Fritzi:	Ach was, schau nur, wie viel Spaß die haben.
Lisa	*(traurig):* Hmhhh. Das lerne ich doch nie.
Fritzi:	Ach komm, probier es doch mal aus.
Lisa:	Nee, ich hab Angst.
Fritzi:	Na los, trau dich. Sollen wir zusammen rüber gehen?
Lisa	*(seufzt):* Na gut.

Szene 2:

Lisa und Fritzi stehen beim Balancierbalken und schauen zu. Die Lehrerin Frau Honig ist auf sie aufmerksam geworden und beobachtet, was sie tun.

Lisa:	Puh, das wackelt aber.
Fritzi:	Ja, na klar. Das ist doch das Coole.
Lisa	*(schaut ängstlich):* Also ich weiß ja nicht. Das sieht gefährlich aus.
Fritzi:	Na los, trau dich. Es passiert schon nichts.
Lisa:	Meinst du?
Fritzi:	Ich hab das auch noch nie probiert, aber trau dich doch einfach. Bei den anderen Kindern klappt es doch auch.
Lisa	*(holt tief Luft):* Nee, das schaffe ich doch nie.
Fritzi:	Na komm. Ich bin doch bei dir.
Lisa:	Okay. Na gut *(klettert ganz langsam auf den Balken, verliert nach zwei Schritten das Gleichgewicht und fällt herunter; weint).* Aauuaaa!

Fritzi *(beugt sich zu ihr runter):* Oh je. Du Arme! Wo tut es denn weh?

Lisa *(schluchzt):* Mein Arm.

Fritzi *(schaut sich den Arm an):* Es blutet ja nicht. Nur eine kleine Schramme *(streichelt Lisa über den Kopf).*

Lisa *(schnieft in ein Taschentuch):* Danke.

Fritzi: Das ist wohl doch nicht so einfach, wie ich dachte.

Lisa: Sag ich ja.

Fritzi: Aber versuch es doch nochmal.

Lisa: Nö! Da gehe ich auf keinen Fall nochmal hoch. Das kann ich doch sowieso nicht.

Fritzi: Ich verstehe dich ja *(springt auf),* ich hab da eine Idee!

Frau Honig *(zu sich selbst):* Da müsste sich doch was machen lassen ...

Szene 3:

Fritzi *(beim Betreten des Schulhauses zu Frau Honig):* Lisa ist gerade hingefallen.

Frau Honig: Ja Fritzi, ich habe es gesehen. Sie ist vom Balancierbalken gefallen, oder?

Fritzi: Stimmt. Sie kann noch nicht so gut balancieren und ist deswegen auf den Arm gefallen. Aber ich habe sie getröstet.

Frau Honig: Das war sehr nett von dir, dass du sie getröstet hast.

Fritzi: Ich glaube, auf dem Balken zu balancieren, ist richtig schwierig. Ich habe es selber noch nie ausprobiert.

Frau Honig: Da hast du Recht, Fritzi. Über den Balancierbalken zu laufen ist auch schwierig. Das muss man ein bisschen üben, bis man es kann.

Fritzi: Lisa möchte so gerne auf dem Balken balancieren und ich will es auch können!

Frau Honig: Wenn ihr möchtet, können wir das Balancieren mal üben.

Fritzi *(schaut ganz gespannt zum Balancierbalken):* Auf dem Balken?

Frau Honig: Ich habe gedacht, wir könnten erstmal in der Halle im Sportunterricht üben.

Fritzi *(freut sich):* Oh ja. Das wäre ganz toll.

Frau Honig: Na, dann lass uns doch jetzt mal reingehen. In der Klasse kannst du es ja dann auch Lisa erzählen. Und wenn ihr möchtet, können wir nächste Stunde schon loslegen.

Fritzi *(lacht und reißt die Arme hoch):* Juhuuu!

Szene 4:

Frau Honig, Fritzi und Lisa kommen in die Turnhalle. Es ist bereits ein Parcours aus unterschiedlichen Matten, Decken und Kissen aufgebaut.

Fritzi *(begeistert):* Boah. Wie cool!

Lisa *(aufgeregt):* Wow. Was ist das denn alles? Das sieht ja richtig super aus.

Frau Honig: Das ist ein Parcours. Hier habe ich für euch dicke und dünne Decken, große und kleine Kissen und ganz unterschiedliche Matten hingelegt.

Fritzi: Und was machen wir damit?

Frau Honig: Da dürft ihr gleich drüber laufen.

Lisa: Das ist doch bestimmt voll schwierig.

Frau Honig: Ja, Lisa. Das ist gar nicht so einfach, wie es aussieht. Aber ich mache es auch erst einmal für euch vor, damit ihr seht, wie es geht. Und ich bin auch die ganze Zeit da, um euch zu helfen.

Lisa *(hält sich die Augen zu):* Oh, Gott sei Dank!

Frau Honig läuft den Parcours ab. Fritzi und Lisa schauen zu. Als Frau Honig den Parcours beendet hat, klatschen beide ganz laut.

Lisa: Das sah ja echt ganz schön wackelig aus.

Fritzi: Ich will auch. Ich will das auch probieren. Kann ich als Erster?

Frau Honig *(lacht):* Ganz langsam Fritzi. Du darfst gleich. Und Lisa, mach' dir keine Sorgen, ich kann die ganze Zeit neben dir herlaufen und deine Hand festhalten.

Lisa: Ja, bitte.

Fritzi: Also, ich schaffe das ganz alleine.

Frau Honig: Unter den allerletzten Decken liegen auch ein paar Seile und kleine Tennisbälle *(hebt die Decke an)*. Wenn ihr da drüber lauft, müsst ihr ganz besonders aufpassen! Möchtest du dann anfangen, Fritzi?

Fritzi *(jubelt):* Jaaaaa! *(Läuft ganz wackelig über die ersten Matten, Decken und Kissen; bei den letzten, unter denen noch Seile und Bälle liegen, verliert er das Gleichgewicht und fällt hin, er rappelt sich auf und fällt wieder hin)* Frau Honig! Ich schaff es nicht alleine. Kannst du kommen und mir helfen?

Frau Honig: Aber sicher, Fritzi. Ich helfe dir *(nimmt Fritzi an die Hand)*.

Fritzi: Mein ganzer Körper ist so wackelig, wenn ich da drüber laufe.

Frau Honig: Das ist dein Gleichgewicht. Wenn man über etwas läuft, was nicht ganz glatt und grade ist, dann ist das sehr schwierig für den Körper und er muss sich erst daran gewöhnen. Erst dann kann er das ausgleichen und du fällst auch nicht mehr.

Fritzi: Du meinst, wenn ich viel übe, falle ich auch nicht mehr?

Frau Honig: Ganz genau *(wendet sich Lisa zu)*, möchtest du es jetzt auch einmal probieren?

Lisa *(empört):* Der Fritzi ist doch hingefallen. Das soll mir nicht passieren. Ich geh da nicht drüber!

Frau Honig: Ich habe eine Idee. Du läufst erstmal nicht über die schwierigen Decken zum Schluss und auf dem Rest des Parcours halte ich dich die ganze Zeit an der Hand. Was meinst du?

Lisa *(überlegt kurz):* Ich glaube, das ist in Ordnung. Das probiere ich mal *(läuft über den Parcours an Frau Honigs Hand; zum Schluss ganz begeistert)* Das war ja gar nicht so schlimm. Das mache ich nochmal!

Frau Honig: Schön. Aber immer der Reihe nach. Erst ist Fritzi nochmal dran.

Fritzi läuft noch einmal über den Parcours und meistert ihn ohne hinzufallen.

Lisa *(klatscht):* Das war super, Fritzi. Toll! Jetzt darf ich aber auch nochmal.

Fritzi: Na klar.

Lisa *(läuft über den Parcours ohne hinzufallen, nur zum Schluss hat sie Schwierigkeiten):* Frau Honig, kannst du mir bitte helfen? Die schwierige Stelle schaff' ich noch nicht alleine.

Frau Honig: Aber natürlich *(hält sie an der Hand bis zum Ende des Parcours fest).*

Lisa: Geschafft. Ich hab es geschafft. Jaaaaaa!

Fritzi *(klatscht):* Klasse, Lisa.

Die zwei laufen noch einige Male über den Parcours, bis sie es ohne Hilfe schaffen.

Frau Honig: Das klappt wirklich ganz toll. Ihr macht das super. In der nächsten Stunde bauen wir dann neue Hindernisse auf.

Szene 5:

Es ist die Sportstunde in der nächsten Woche. Auf dem Boden kleben schon Klebestreifen. Lisa, Fritzi und Frau Honig kommen in die Sporthalle.

Fritzi: Oh toll. Was machen wir denn heute?

Frau Honig: Wir machen heute wieder Übungen für euer Gleichgewicht.

Lisa: Gleichgewicht? Was ist das denn?

Fritzi *(ruft dazwischen):* Ich weiß es. Das ist was, was der ganze Körper macht.

Frau Honig: Ja, so kann man das sagen. Das Gleichgewicht braucht ihr z. B., um über Hindernisse zu laufen und dabei nicht hinzufallen. Wie wir es letzte Woche beim Parcours aus Decken und Kissen geübt haben. Erinnert ihr euch?

Lisa: Ich erinnere mich.

Fritzi: Ich auch!

Frau Honig: Und wie Fritzi schon gesagt hat, muss der ganze Körper arbeiten, damit man das Gleichgewicht halten kann und auch über wackelige oder nicht so glatte Flächen laufen kann.

Lisa: Ach so.

Frau Honig: Und um das mit dem Gleichgewicht zu üben, habe ich heute eine neue Übung für euch.

Fritzi: Super! Ich will zuerst.

Frau Honig *(lacht):* Aber du weißt doch noch gar nicht was wir machen. Soll ich es euch erklären?

Lisa: Ja.

Fritzi: Na gut.

Frau Honig: Seht ihr die Klebestreifen auf dem Boden? Gleich sollt ihr versuchen, auf dem Klebestreifen zu laufen.

Fritzi: Das ist doch Pipi-einfach.

Frau Honig: Probieren wir es mal aus. Ihr sollt aber darauf achten, möglichst genau auf dem Streifen zu laufen und den Boden drum herum nicht mit den Füßen zu berühren. Lisa, fang du doch heute mal an.

Lisa: Na schön. Aber nur wenn du mich festhältst, Frau Honig.

Frau Honig: Natürlich *(nimmt Lisa bei der Hand).*

Lisa läuft über den Klebestreifen und wackelt nur ein kleines bisschen.

Fritzi: Super, jetzt ich. Aber ohne Hand.

Frau Honig: In Ordnung.

Auch Fritzi läuft fast ganz gerade über den Streifen. Er berührt den Boden nur einmal ganz kurz.

Lisa: Toll, Fritzi!

Frau Honig: Das macht ihr beide schon ganz sicher. Probiert es noch ein paar Mal.

Fritzi: So wie beim Balancierbalken?

Frau Honig: Richtig.

Beide laufen noch ein paar Mal über den Klebestreifen, bis sie beide ganz gerade darüber laufen können.

Frau Honig: Ihr seid ja schon richtige Profis. Und das Gleichgewicht braucht man nämlich auch, wenn man ganz grade irgendwo drüber laufen möchte. Aber bevor ihr das auf dem Schulhof am Balancierbalken ausprobiert, üben wir das Balancieren hier drinnen *(baut eine Bank auf)*.

Lisa: Ui, das sieht aber schwierig aus.

Fritzi: Trau dich Lisa, auf dem Streifen zu laufen hat doch schon sehr gut geklappt.

Lisa: Stimmt. Ich versuche es mal. Aber mit Hilfe.

Frau Honig: Fritzi, vielleicht könntest du Lisa an die Hand nehmen?

Fritzi: Na klar *(läuft zu Lisa und nimmt ihre Hand)*. Dann steig mal hoch.

Lisa: Ok *(läuft über die Bank und fällt beinahe hin)*. Oje!

Fritzi: Alles gut, ich halte dich ja fest *(hält Lisa bis zum Ende der Bank fest)*. So, jetzt balanciere ich mal.

Lisa: Soll ich dich auch lieber festhalten beim ersten Mal?

Fritzi: Nö. Ich brauch keine Hilfe *(strauchelt nach ein paar Schritten und fällt von der Bank)*.

Lisa: Oh nein!

Frau Honig: Alles in Ordnung?

Fritzi: Ups. Nichts passiert *(steigt wieder auf die Bank und muss einige Male absteigen, weil er das Gleichgewicht verliert)*.

Immer abwechselnd probieren die beiden auf der Bank zu laufen. Nach ein paar Versuchen schaffen es beide ohne Hilfestellung und ohne hinunterzufallen.

Fritzi: Das macht so Spaß!

Lisa: Ja, richtig cool.

Frau Honig: Ihr macht das beide ganz prima. In der nächsten Stunde gehen wir nicht mehr in die Sporthalle. Da machen wir was ganz Neues. Da bin ich mal gespannt, ob ihr euch das traut.

Szene 6:

Frau Honig, Lisa und Fritzi befinden sich auf dem Schulhof.

Frau Honig: Na, könnt ihr schon erraten, was wir heute machen?

Lisa *(hält sich die Augen zu):* Ich glaube schon.

Fritzi: Ich glaube, ich weiß es auch. Gehen wir zum Balancierbalken?

Frau Honig: Ganz genau. Wir haben nun so viele Gleichgewichtsübungen in der Turnhalle gemacht. Heute wollen wir das mal draußen üben.

Lisa: Balancieren? Auf dem Ding? *(Schüttelt den Kopf)* Nein.

Frau Honig: Aber Lisa, was ist denn los?

Lisa: Ich gehe da nicht mehr drauf. Beim letzten Mal habe ich mir so dolle wehgetan.

Fritzi: Aber ich habe dich doch getröstet und danach war es doch gar nicht mehr so schlimm.

Lisa: Ich will trotzdem nicht. Ich traue mich nicht mehr.

Frau Honig: Schau mal Lisa. Ich glaube ganz fest daran, dass du das schaffst. Und weißt du warum?

Lisa: Nein?

Frau Honig: Erinnere dich an die letzten Wochen im Sportunterricht. Was haben wir da gemacht?

Lisa: Geübt?

Frau Honig: Richtig. Und kannst du dich noch dran erinnern, was wir in der ersten Sportstunde gemacht haben?

Fritzi *(ruft dazwischen):* Da sind wir doch über die Decken und Kissen gelaufen.

Lisa: Und über die schwierigen Decken ganz am Ende.

Frau Honig: Ja. Richtig, Lisa. Ihr seid über den Parcours gelaufen. Und auch über die schwierigen Decken ganz zum Schluss. Und wie hat das geklappt?

Lisa: Erst war es ganz schwer und ich brauchte auch Hilfe. Aber dann habe ich es auch ganz alleine geschafft.

Frau Honig: Richtig. Nach ein paar Übungen hast du es ganz alleine geschafft. Und was haben wir in der Stunde danach gemacht? Weißt du das auch noch?

Fritzi: Klebestreifen, Klebestreifen.

Frau Honig: Lass Lisa bitte auch antworten, Fritzi.

Lisa: Wir sind auf den Klebestreifen gelaufen und auch auf einer Bank.

Frau Honig: Und hat das auch geklappt?

Lisa: Hm. Auf dem Klebestreifen hatte ich gar keine Angst. Um auf der Bank zu balancieren, brauchte ich ein bisschen die Hilfe von Fritzi *(lächelt Fritzi an)*.

Frau Honig: Das ist ja auch ganz in Ordnung. Aber wie hat denn das Balancieren ganz zum Schluss geklappt? Bist du dann auch ohne Fritzi gelaufen?

Lisa: Ja *(stolz)* und ohne hinzufallen.

Frau Honig: Siehst du, Lisa. Du hast fleißig geübt und am Ende konntest du alle Gleichgewichtsübungen ohne Hilfe und ohne hinzufallen schaffen. Da kannst du sehr stolz auf dich sein. Du hast nämlich schon ganz viel erreicht.

Fritzi: Heute können wir dir ja auch wieder helfen.

Frau Honig: Aber natürlich. Heute sind wir auch alle da, um dir zu helfen, und ich glaube ganz fest an dich. Wenn du ein bisschen geübt hast, schaffst du es auch, über den Balancierbalken zu laufen ohne hinzufallen oder dich festzuhalten.

Lisa *(ermutigt):* Ja, ich kann das schaffen. Und heute möchte ich mal anfangen!

Fritzi *(seufzt):* Na gut.

Lisa: Ein bisschen mulmig ist mir schon.

Fritzi: Trau dich. Los. Du schaffst es!

Lisa: Kann jemand mich festhalten?

Frau Honig: Ja, ich halte dich, Lisa.

Lisa läuft ganz langsam und vorsichtig über den Balancierbalken und schafft es, ohne runterzufallen auf die andere Seite. Fritzi und Frau Honig jubeln laut und klatschen.

Fritzi: Toll!

Frau Honig: Super, Lisa! Große Klasse.

Lisa *(lacht):* Ich glaube, das möchte ich nochmal probieren. Das macht ja richtig Spaß!

Dank
Die Autoren bedanken sich für die kreativen Anregungen bei den (ehemaligen) Studierenden, die das Drehbuch im Rahmen eines Seminars an der Justus-Liebig-Universität Gießen entwickelt haben:

Stephanie Buder und Joyce Schaeckermann

6.3.5 „Lisa besiegt ihre Angst“

Abb. 40: Mädchen mit Zahnbürste (© Living Puppets)

Zielgruppe:	Grundstufe im Förderschwerpunkt geistige Entwicklung/inklusive Grundschule
Thematische Einordnung:	Gesundheitsförderung/Zahnhygiene
Groblernziel:	Angemessener Umgang mit der Angst vorm Zahnarzt
Feinlernziele:	Die SchülerInnen ... ▪ ... kennen zahnärztliche Instrumente. ▪ ... schämen sich nicht für ihre Angst. ▪ ... erkennen die Notwendigkeit eines Zahnarztbesuches. ▪ ... erfahren mehr über Zahnpflege.
Beteiligte Puppen:	**Frau Müller, 32 Jahre** **Lisa, sechs Jahre**
Requisiten:	▪ Kiste ▪ Mundschutz ▪ Mundspiegel ▪ Handspiegel ▪ Bilder von einem zahnmedizinischen Bohrer, einem Excavator und einem Zahnarztstuhl

Biografien der Puppen

Lisa

- 6 Jahre alt
- Schülerin der ersten Klasse einer Grundschule
- Geschwister: Tom (11)
- Lisa ist schüchtern und ruhig; ist eine gute Schülerin.
- Hobbys: mit Freundinnen auf dem Spielplatz spielen, Fahrrad fahren

Frau Müller

- 32 Jahre alt
- Lehrerin an einer Grundschule
- Frau Müller ist aufgeschlossen und humorvoll; sie kümmert sich sehr um ihre SchülerInnen.
- Hobbys: Klavier spielen, mit ihrem Hund spazieren gehen

Lisa sitzt auf ihrem Platz und weint.

Frau Müller: Lisa, was ist denn los mit dir?

Lisa *(schluchzt):* Ich habe Angst.

Frau Müller *(beruhigend):* Warum denn das?

Lisa: Ich muss zum Zahnarzt, weil ich ein Loch im Backenzahn habe. Und davor habe ich ganz doll Angst.

Frau Müller: Ach, das wird gar nicht so schlimm. Warum hast du denn so große Angst?

Lisa: Weil mein Bruder mir gesagt hat, dass der Doktor ein ganz böser Mann ist. Und der hat einen großen Bohrer, mit dem er im Zahn rum bohrt. Mein Papa hat auch so einen Bohrer, mit dem er Schrauben in die Wand macht. Der ist ganz groß. Das will ich nicht an meinen Zahn lassen.

Frau Müller: Ach, ich kann mir vorstellen, dass du davor Angst hast, Lisa. Aber das musst du gar nicht. Das ist gar nicht so ein Bohrer, wie ihn dein Papa hat. Der würde ja gar nicht in deinen kleinen Mund mit deinen kleinen Zähnen rein passen. Der Zahnarzt hat einen ganz speziellen Bohrer, der extra für deine Zähne hergestellt wurde.

Lisa *(überrascht):* Ah, okay. Das ist ja schon mal gut. Aber der Mann hat doch immer so eine komische Maske auf, dann kann ich ihn gar nicht sehen.

Frau Müller: Die Maske ist ein Mundschutz. Denn weißt du, es könnte ja sein, dass so etwas wie Spucke aus deinem Mund spritzt, wenn er dich untersucht. Und damit er das dann nicht in sein Gesicht bekommt, schützt er sich mit diesem Mundschutz. Unter diesem Mundschutz sieht er dann ganz normal aus. Pass auf, vielleicht habe ich noch so einen in unserer Sammelbox *(holt eine Kiste mit verschiedenen Gegenständen und zeigt Lisa einen Mundschutz daraus)*. Ah, hier ist doch etwas. Schau einmal, Lisa. Magst du die Maske vielleicht einmal aufziehen?

Lisa *(freudig):* Ja gerne *(zieht den Mundschutz auf)*.

Frau Müller *(nimmt einen Spiegel aus der Kiste und hält ihn vor Lisas Gesicht):* Schau mal, hier kannst du dich sehen.

Lisa *(überrascht):* Wow, das sieht ja cool aus! *(Betrachtet sich im Spiegel, zieht dann den Mundschutz wieder aus)* Aber der Zahnarzt hat ja auch noch ein paar andere Geräte.

Frau Müller: Ja, genau. Pass auf, ich zeige sie dir *(holt verschiedene Gegenstände und Bildkarten aus der Kiste)*. Schau her. Das sind verschiedene Werkzeuge, die der Zahnarzt benutzt.

Lisa *(schockiert):* Wie? Werkzeuge? Ein Werkzeug ist ja auch ein Hammer. Will der etwa auch in meinem Mund hämmern?

Frau Müller *(beruhigend):* Nein. Das sind ganz spezielle Werkzeuge. Zum Beispiel dieser kleine Spiegel hier. Damit kann er auch deine hinteren Backenzähne sehen.

Lisa: Ah, okay.

Frau Müller *(holt ein weiteres Bild aus der Kiste heraus):* Schau mal, und hier ist ein Bild von dem Bohrer, den der Zahnarzt benutzt.

Lisa: Der ist ja wirklich gar nicht so groß.

Frau Müller holt ein weiteres Bild aus der Kiste.

Lisa: Was macht man denn mit dem spitzen Ding?

Frau Müller: Damit kann der Zahnarzt ganz besonders hartnäckigen Schmutz von deinen Zähnen entfernen. Aber der Zahnarzt ist bestimmt bei allem, was er macht, ganz vorsichtig *(zeigt das letzte Bild aus der Kiste)*. Und auf diesem tollen Stuhl darfst du beim Zahnarzt sitzen. Der Stuhl ist ganz besonders. Der Zahnarzt kann den Stuhl hoch- und herunterfahren lassen. Er kann auch die Rückenlehne verstellen, sodass du ganz bequem liegst und er in deinen Mund schauen kann.

Lisa *(freudig):* Ui, auf den Stuhl bin ich aber gespannt. Vor dem Bohren habe ich aber immer noch ein bisschen Angst. Aber nicht mehr so viel, wie vorher. Jetzt weiß ich ja, dass das alles ganz kleine Werkzeuge sind und extra für die Zähne sind. Und dass der Arzt ganz vorsichtig ist.

Frau Müller *(mit beruhigender Stimme):* Das schaffst du schon, Lisa. Und wenn du möchtest, kannst du uns morgen erzählen, wie tapfer du beim Zahnarzt gewesen bist.

Lisa *(überrascht):* Muss ich denn von jetzt an jeden Tag dahin gehen?

Frau Müller *(schmunzelt):* Nein, Lisa. Das musst du nicht. Aber einmal im halben Jahr sollte der Zahnarzt doch mal nachschauen, ob alle Zähne gesund sind. Und damit du nicht wieder ein Loch bekommst, solltest du dir jeden Tag dreimal gründlich die Zähne putzen. Aber weißt du was? In zwei Wochen kommt uns der Schulzahnarzt besuchen und der zeigt uns dann nochmal, wie man sich richtig die Zähne putzt. Und er erklärt uns, welche Lebensmittel unsere Zähne kaputt machen und welche gut für uns sind.

Lisa *(motiviert):* Puh, das ist alles schon ganz schön aufregend. Ich werde mir ab jetzt auf jeden Fall immer gründlich die Zähne putzen, damit ich nicht wieder ein Loch im Zahn bekomme.

Frau Müller *(erfreut):* Das finde ich toll, Lisa. Das ist eine gute Idee.

Lisa: Danke, Frau Müller. Ich bin froh, dass ich mit Ihnen reden konnte.

Frau Müller: Ich bin froh, dass ich dir helfen konnte. Du weißt ja, dass du jederzeit zu mir kommen kannst. Ach ja. Und, weißt du, was das Beste an dem Zahnarztbesuch ist?

Lisa *(neugierig):* Was denn?

Frau Müller: Das Beste ist, dass du am Ende der Untersuchung von den Zahnarzthelferinnen immer noch eine Überraschung bekommst.

Lisa *(freudig):* Oh das ist aber toll. Da bin ich mal gespannt.

Frau Müller: Jetzt lauf schnell deinen Freundinnen hinterher, damit du auch noch etwas in der Pause spielen kannst. Bis nachher!

Lisa *(winkt und ruft):* Tschüss, Frau Müller! Bis nachher!

Dank
Die Autoren bedanken sich für die kreativen Anregungen bei den (ehemaligen) Studierenden, die das Drehbuch im Rahmen eines Seminars an der Justus-Liebig-Universität Gießen entwickelt haben:

Lois-Alena Bickel und Amelie Gallenkamp

6.3.6 „Ich will das nicht!“

Abb. 42: Junge zeigt die Stopphand (© Living Puppets)

Abb. 41: Mädchen will Jungen umarmen (© Living Puppets)

Zielgruppe:	Grundstufe im Förderschwerpunkt geistige Entwicklung/inklusive Grundschule
Thematische Einordnung:	Gesundheitsförderung/Gewaltprävention
Groblernziel:	Stärkung des körperlichen Selbstbestimmungsrechts
Feinlernziele:	Die SchülerInnen ... ▪ ... äußern Bedürfnisse in Bezug auf Berührungen und nehmen Grenzen wahr. ▪ ... reagieren auf Grenzübertritte, indem sie bspw. Berührungen abwehren. ▪ ... sagen „Nein" und „Stopp".
Beteiligte Puppen:	**Mia, neun Jahre** **Tim, neun Jahre** **Basti, 15 Jahre**
Requisiten:	▪ Keine

Biografien der Puppen

Mia

- 9 Jahre alt
- Schülerin einer dritten Klasse
- Familie: Mutter Steffi, Vater Frank und Bruder Paul
- Hobbys: Block- und Querflöte spielen, im Chor singen, lesen, Handball spielen
- Tim ist ihr bester Freund.

Tim

- 9 Jahre alt
- Schüler einer dritten Klasse
- Familie: Mutter Michaela und Vater Wolfgang
- Hobbys: Fußball spielen, Kartenspiele, im Chor singen,
- Mia ist seine beste Freundin, Basti übernimmt die Rolle des großen Bruders.

Basti

- 15 Jahre alt
- Familie: Mutter Sabine und Vater Paul (getrennt; Basti lebt bei seiner Mutter), drei ältere Geschwister
- Hobbys: Freunde treffen, im Chor singen, Fußball spielen
- Hat mit Mia nicht viel zu tun; genießt es aber für Tim der ‚große Bruder' zu sein.

Szene 1:

Erzähler: Das ist Tim. Tim ist gut befreundet mit Mia. Das ist Mia. Zusammen gehen die beiden jeden Tag von der Schule nach Hause.

Tim: Was machst du heute noch so Mia?

Mia: Ich treffe mich noch mit Marta, wir wollen zusammen ein Eis essen gehen.

Tim: Oh cool, na dann mal viel Spaß. Ich habe später noch Fußballtraining.

Mia: Oh super, dann wünsche ich dir auch viel Spaß dabei und schieß den Flo nicht wieder so ab.

Tim: Nee nee, mach ich schon nicht. Tschüss, Mia!

Mia: Tschüss Tim! Mach's gut! *(umarmt Tim)* Bis morgen!

Tim *(unangenehm berührt):* Ja, bis morgen *(wartet bis Mia gegangen ist, zu sich selbst)* Hm, irgendwie mag ich das nicht, wenn die Mia mich umarmt. Also, die Mia, die mag ich schon. Aber ich finde es nicht gut, wenn sie mich umarmt. Ach ... *(seufzt, schüttelt den Kopf, überlegt; dann wendet er sich dem Publikum zu)* Was meint ihr? Muss ich die Mia umarmen?

(Erwartete Reaktion der Kinder: Durcheinanderrufen, ein Großteil ruft „Ja", aber eventuell rufen auch manche „nein")

Tim: Hm. Ach, wisst ihr, ich glaub ich frag´ mal den Basti. Der ist schon älter. Der kann mir bestimmt helfen.

Szene 2:

Basti *(macht mit Tim ein Klatschspiel zur Begrüßung):* Hi Tim! Na? Wo kommst du denn grade her? Siehst ja total verschwitzt aus.

Tim: Hi Basti. Ja ... ich war beim Fußball. Wie geht's?

Basti: Gut, und dir?

Tim *(zögerlich):* Hmm, gut! Aber ich wollt da mal was fragen.

Basti: Was gibt's? Soll ich dir etwa erklären, wie du besser flanken kannst?

Tim *(druckst herum):* Neeee... Aber ... Du kennst doch die Mia, oder?

Basti: Ja, das ist doch eine gute Freundin von dir.

Tim: Ja, genau! Ja und die Mia, die umarmt mich einfach immer, wenn wir uns sehen oder tschüss sagen.

Basti *(aufmerksam):* Hm. Ja und?

Tim *(senkt den Blick, leise):* Na ja und ich fühle mich da irgendwie nicht so gut bei.

Basti: Hast du ihr das denn schon einmal gesagt?

Tim *(schüttelt den Kopf):* Nein, weil ich weiß auch nicht wie. Ich mag die Mia ja, aber halt nicht, wenn sie mich umarmt. Und ... nachher ist die dann sauer!

Basti: Aber Tim, du musst niemanden umarmen, wenn du das nicht möchtest.

Tim *(unsicher):* Nein?

Basti *(schüttelt den Kopf):* Nein!

Tim: Ja, und wie sag ich das dann? Weil, Mia macht das ja immer einfach so.

Basti: Ja, du kannst dich dann vielleicht einfach wegdrehen. Oder du sagst „Stopp!“ *(Bewegt sich ein Stück zurück, Hand vom Körper abwehrend weggestreckt)*

Tim *(neugierig):* Stopp?

Basti: Ja, Stopp! Soll ich das mal ein bisschen mit dir üben?

Tim: Ja, aber ich glaube, wir sollten das mit allen *(dreht sich zum Publikum und weist auf die gesamte Gruppe hin)* zusammen üben!

Basti: Mit allen? *(Schaut in die Runde und bewegt den Blick wieder zurück zu Tim)*

Tim: Ja, weil die müssen ja auch Stopp sagen können, wenn die etwas nicht wollen.

Basti: Na gut! *(Dreht sich zur Gruppe)* Okay, also auf drei sagen wir alle zusammen „Stopp“! *(Hand geht erneut ausgestreckt mit vor)*

Tim: Ja.

Basti: Okay, ich zähle: Eins, zwei, drei.

Tim und **Basti:** Stopp *(mit Handbewegung zum Publikum)!*

Basti: Das war schon gut, aber das können wir noch besser.

Tim: Ja? Wie besser? Lauter?

Basti: Ja, lauter. Also nochmal bei drei: Eins, zwei, drei.

Tim und **Basti:** Stopp *(mit Handbewegung zum Publikum)!*

Basti *(bewundernd):* Woow!

Tim: Das war prima!

Basti *(nickt):* Ja, das war richtig gut!

Tim: Und jetzt traue ich mich auch, das der Mia zu sagen.

Basti: Ja, mach das! Das ist gut!

Tim: Danke für deine Hilfe!

Basti: Gerne, und wenn was ist, kannst du immer zu mir kommen.

Tim: Danke! Mach's gut!

Basti: Tschüss!

Szene 3:

Erzähler: Am nächsten Tag treffen sich Tim und Mia wieder, um zusammen zur Schule zu gehen. Mia kommt wie immer angerannt und möchte Tim umarmen.

Tim: Hallo Mia.

Mia *(außer Atem vom Rennen; möchte Tim umarmen):* Hi Tim!

Tim: Stopp *(streckt die Hand nach vorne und weicht zurück),* ich will das nicht mehr!

Mia *(weicht erschrocken zurück, offener Mund):* Oh! Aber, was willst du nicht?

Tim: Na ja, dass du mich umarmst.

Mia *(enttäuscht):* Warum das denn nicht? Magst du mich denn nicht mehr?

Tim: Doch schon, aber ich mag nicht umarmt werden. Dich mag ich, aber das Umarmen nicht.

Mia *(traurig, blickt nach unten):* Okay.

Tim: Ich weiß, dass du das lieb meinst. Aber mir gefällt es nicht und ich will das nicht mehr.

Mia: Okay ... *(enttäuscht).*

Tim *(ermunternd):* Aber wir können uns ja anders begrüßen.

Mia *(neugierig; tritt etwas näher an Tim heran):* Wie denn?

Tim: Mit dem Basti klatsch ich mich immer ab.

Mia: Echt? Wie? Zeig mal!

Tim *(zeigt das „Klatschspiel"):* Erst so *(bewegt die flache Hand nach vorn und klatscht sie mit Mias ebenfalls flacher Hand ab, zieht sie dann wieder zurück)* und dann so *(ballt die Hand zu einer Faust und bewegt sie zu Mias, ebenfalls zur Faust geballten, Hand. Die Fingerrücken klatschen sich ab).*

Mia *(enthusiastisch):* Boaah cool, das ist ja wie bei den großen Jungs!

Tim *(zustimmend):* Ja, damit sind wir voll cool!

Mia: Aber hallo! *(Nickt, wartet einen Moment, nachdenklich, leiser)* Hm, du Tim, sag mal, meinst du das mit dem Nein kann ich auch mal bei meiner Oma machen?

Tim *(interessiert):* Was macht denn deine Oma?

Mia: Meine Oma die will mir immer so viele Küsschen geben und ich mag das gar nicht so gerne.

Tim *(angeekelt):* Ihhh... Ja, das mag ich auch nicht! Klar kannst du das auch deiner Oma sagen! Wenn dir was nicht gefällt, wenn dich jemand anfasst oder dich küsst, dann kannst du das immer sagen.

Mia: Okay. Willst du mir das noch mal zeigen?

Tim: Ja, klar!

Mia: Gut!

Tim: Ich glaube, die Anderen können mir helfen, oder? *(dreht sich in Richtung Publikum)*

(Erwartete Reaktion: Ja-Rufe, Aufrichten und bereit machen)

Tim: Also, ich erkläre es der Mia noch einmal *(richtet sich wieder zu Mia).* Du sagst einfach: Stopp! *(Hand wird nach vorne ausgestreckt)*

Mia: Stopp! *(Hand wird nach vorne ausgestreckt)*

Tim *(energisch):* Ich will das nicht mehr!

Mia *(energisch):* Ich will das nicht mehr!

Tim: Sollen wir das alle zusammen noch einmal machen?

Mia: Ja, bitte! *(nickt, dreht sich zum Publikum)*

Tim *(dreht sich zum Publikum):* Okay, dieses Mal zähle ich bis drei! Eins, zwei, drei! Stopp, ich will das nicht mehr!

Mia: Oh, das habe ich jetzt vergessen! Noch einmal, bitte!

Tim: Ok, also wieder alle zusammen. Eins, zwei, drei!

Mia und **Tim:** Stopp, ich will das nicht mehr! *(Publikum stimmt mit ein)*

Tim: Prima! Ich glaube, jetzt können wir das, oder?

Mia *(nickt):* Das war gut! Danke, Tim!

Tim: Bitte! Dann wollen wir mal in die Schule gehen! Nicht, dass wir noch zu spät kommen. Macht´s gut! *(Ans Publikum gerichtet, winkt)*

Mia: Tschüss! *(Ans Publikum gerichtet, winkt)*

Dank
Die Autoren bedanken sich für die kreativen Anregungen bei den (ehemaligen) Studierenden, die das Drehbuch im Rahmen eines Seminars an der Justus-Liebig-Universität Gießen entwickelt haben:

Anne Beel, Sabine Siebelhoff und Sabrina Wegener

6.4 Sozialerziehung

6.4.1 „Dean sieht rot“

Abb. 43: Zwei Jungen stehen neben einem Pausenbrot, das am Boden liegt (© Living Puppets)

Zielgruppe:	Unterstufe einer inklusiven Gesamtschule
Thematische Einordnung:	Sozialerziehung/Gewaltprävention
Groblernziel:	Erlernen von Problemlösekompetenzen in Konfliktsituationen
Feinlernziele:	Die SchülerInnen ... ▪ ... können ihre eigenen Emotionen einschätzen. ▪ ... können in Konfliktsituationen angemessen reagieren. ▪ ... können Techniken der Selbstregulation anwenden.
Beteiligte Puppen:	**Dean, elf Jahre** **Jannik, elf Jahre**
Requisiten:	▪ Tafel und Kreide in der Erarbeitungsphase ▪ Bank ▪ Brot ▪ Mülleimer ▪ Stuhl ▪ Tisch ▪ Mäppchen mit Stiften

Biografien der Puppen

Jannik

- 11 Jahre
- Eltern: Mutter, Reinigungskraft, und Vater, Mitarbeiter bei VW im Schichtdienst; zwei jüngere Geschwister
- Muss öfter auf jüngere Geschwister aufpassen und häufig zurückstecken, da Eltern wenig Zeit haben und sich um jüngere Geschwister kümmern
- Verhalten in Klasse: sehr beliebt („Anführer der Klasse"); sucht Aufmerksamkeit; versucht bei allen gut anzukommen und legt Wert auf sein Auftreten; seine Versetzung ist gefährdet und Lehrkräfte fühlen sich überfordert

Dean

- 11 Jahre
- Eltern: Mutter, Hausfrau, und Vater, Steuerberater; keine Geschwister
- Bekommt viel Unterstützung von zu Hause
- Verhalten in Klasse: schüchternes Auftreten; steht nicht gerne im Mittelpunkt; hat wenig Freunde in der Klasse (gilt als „Streber"); gute Schulleistungen

Szene 1:

In der ersten großen Pause am Montagmorgen.

Dean *(sitzt alleine auf der Parkbank und schaut traurig auf seine Schuhe und seufzt):* Pfff.

Jannik *(kommt näher, höhnend):* Na, du Loser, hast du keine Freunde oder wie?

Tonsequenz: Gelächter

Dean schaut sich erschrocken um, blickt dann böse zu Jannik. Jannik lacht und geht weg.

Dean *(schaut nach unten und seufzt):* Pfff.

Szene 2:

In der 5-Minuten-Pause. Dean steht in der Klasse und isst sein Pausenbrot.

Jannik *(rempelt Dean an und haut ihm dabei das Pausenbrot aus der Hand, höhnend):* Oh... kann das fette Schwein jetzt nichts mehr fressen?

Dean *(schaut zum auf dem Boden liegenden Pausenbrot, dann zu Jannik; hebt das Brot auf und wirft es in den Mülleimer, hat dabei den Kopf gesenkt und seufzt):* Pfff. Langsam reicht es mir!

Szene 3:

Dean sitzt auf dem Stuhl und nimmt gerade einen Stift aus seinem Mäppchen.

Jannik *(schlendert zu Deans Tisch, frech):* Ich brauch mal nen Stift *(greift nach einem Stift).*

Dean *(schaut zu Jannik, dann zum Mäppchen und zieht es weg; leise):* Nein, ich brauche die Stifte selbst.

Jannik *(greift nach dem Stift, wütend):* Gib mir den Stift!

Dean *(greift auch nach dem Stift und lässt ihn nicht los; lauter):* Ich will das nicht! Das sind meine Stifte!

Jannik *(nimmt Dean sein Mäppchen weg und wirft es durch die Klasse):* Haha!

Tonsequenz: Gelächter

Jannik *(lacht laut):* Haha!

Dean *(wird wütend und ballt die Faust):* Du bist so ein Blödmann!

Jannik dreht Dean den Rücken zu und geht desinteressiert weg.

Dean *(springt auf, rennt zu Jannik, schubst ihn zu Boden und holt aus, Freeze. Dean dreht den Kopf zum Publikum und lässt die Hand sinken.):* Hmm... warum reagiere ich denn jetzt so? *(Fragend und nachdenklich; geht nach vorne an den Rand der Bühne)* Wie hättet ihr reagiert?

Szene 4:

Dean setzt sich zur Klasse in den Kreis und erarbeitet mit der Klasse Reaktionsmodelle. (Dean bleibt dabei in seiner Rolle!)

Es soll auch besprochen werden, dass Jannik sich nicht richtig verhalten hat. Der Fokus liegt jedoch auf einer angemessenen Reaktion und auf der Erarbeitung von Strategien der Selbstregulation.

1) Der Streit soll von den SchülerInnen nachvollzogen werden à „Worum geht es?"
2) Die SchülerInnen sollen sich in den Protagonisten hineinversetzen à „Wie fühlt Dean sich?" „Wieso hat Dean so gehandelt?" „Wie hätte ich in einer solchen Situation reagiert?"
3) Mithilfe eines Brainstormings soll eine Vielzahl an Lösungsmöglichkeiten an der Tafel gesammelt werden, ohne diese zu bewerten. („Was hätte Dean machen können, damit der Streit nicht eskaliert?")
4) In einem nächsten Schritt sollen die Lösungen einzeln noch einmal besprochen und bewertet werden. Alle SchülerInnen sollen sich dabei die Frage stellen, ob sie mit der Lösung zufrieden wären. Dies kann zunächst auch in

Kleingruppen geschehen und dann werden die Lösungsansätze im Plenum besprochen. Hierbei können die SchülerInnen mögliche Lösungsansätze durchgehen, indem sie diese ausprobieren („spielen").
5) Es soll sich für die beste Lösung entschieden werden.

Folgendes Tafelbild soll wieder in Erinnerung gerufen werden und bei einer Lösungsfindung hilfreich sein:

Abb. 44: Tafelbild (Nena Girma/Anna-Lena Heiwig 2016)

Diese Strategie der Selbstregulation in Konfliktsituation wurde mit der Klasse in der vorherigen Stunde schon erarbeitet und theoretisch besprochen.

Szene 5:

Spielen der erarbeiteten Lösung (positive Lösung, in der die Situation mit Worten gelöst wird!)

Dank

Die Autoren bedanken sich für die kreativen Anregungen bei den (ehemaligen) Studierenden, die das Drehbuch im Rahmen eines Seminars an der Justus-Liebig-Universität Gießen entwickelt haben:

Nena Girma und Anna-Lena Heiwig

6.4.2 „Gewusst wie!“

Abb. 45: Junge mit Kopfhörern tanzt (© Living Puppets)

Zielgruppe:	**Unter- und Mittelstufe im Förderschwerpunkt geistige Entwicklung/inklusiver Unterricht**
Thematische Einordnung:	Sozialerziehung/Umgangsformen
Groblernziel:	Erlernen des situationsangemessenen Verhaltens v. a. mit älteren MitbürgerInnen
Feinlernziele:	Die SchülerInnen ... ▪ ... wissen, dass man Rücksicht auf ältere Mitmenschen nimmt. ▪ ... verstehen, wie ein respektvoller Umgang mit älteren Menschen aussieht. ▪ ... erkennen, dass ältere Menschen eine intensivere Erholungsphase brauchen.
Beteiligte Puppen:	**Opa Willi, 68 Jahre** **Linus, neun Jahre** **Liesel, 65 Jahre**
Requisiten:	▪ „Hyper hyper“ von Scooter ▪ Telefon ▪ Ton ‚Telefonklingeln‘ ▪ Ton ‚Türklingel‘ ▪ Sessel ▪ Mehl ▪ Bus ▪ Tasche

Biografien der Puppen

Opa Willi

- 68 Jahre alt
- Rentner
- Wohnt alleine in einem Haus in einer Kleinstadt nahe Berlin. Er ist verwitwet, aber gut integriert im Ort und der Nachbarschaft. Sieht Tochter Lisa und Enkelsohn Linus unregelmäßig.
- Hobbys: Schachclub, Gartenarbeit, Dackelclub, fernsehen, Zeitung lesen

Linus

- 9 Jahre alt
- Lebt mit seiner Mutter Lisa in Berlin (Eltern sind seit fünf Jahren geschieden) und verbringt viel Zeit mit seinem Freund Tim.
- Hobbys: mit Freunden spielen, Playstation 4 und Fußball spielen, Musik hören

Liesel

- 65 Jahre alt
- Rentnerin
- Lebt mit ihrem Mann Herbert in der Nachbarschaft von Opa Willi und ist mit ihm gut bekannt. Sie hat keine Kinder, was sie manchmal traurig stimmt.
- Hobbys: kochen, backen, Karten spielen, Kaffee trinken mit den Landfrauen

Szene 1:

Opa Willi *(sitzt im Sessel und liest Zeitung, das Telefon klingelt, er steht auf und nimmt den Hörer ab):* Schulte! Guten Tag! Ach, Herbert [...] aber sicher doch. Dann schick die Liesel doch einfach mal vorbei. Ich habe bestimmt noch etwas Mehl für euren Kuchen übrig. Vielleicht lernt Liesel dann auch noch meinen Enkel Linus kennen. Der kommt dieses Wochenende zu Besuch [...] Ja, ich freue mich auch schon auf den kleinen Frechdachs [...] Alles klar! Herbert! Ich wünsche dir was *(legt den Hörer auf und setzt sich wieder in den Sessel).*

Szene 2:

Opa Willi *(sitzt im Sessel und liest Zeitung, es klingelt an der Tür, er steht auf und öffnet die Tür):* Linus, mein Junge! Da bist du ja. Schön, dass du da bist. Hattet ihr eine gute Fahrt?

Linus: Ja, Opa. Mama hat mich gefahren, aber sie musste schnell wieder weiter, weil sie noch mit Leuten reden muss wegen der Arbeit. Sie sagt, dass wir dann bald auch mal in den Urlaub fahren können, weil sie dann Geld hat.

Opa Willi: Du meinst, dass sie ein Bewerbungsgespräch hat. Ja, davon hörte ich schon. Jetzt machst du ja erstmal Urlaub bei mir, das machen wir uns schon schön hier. Du, ich schlag dir mal was vor: Lass mich noch kurz den Zeitungsartikel zu Ende lesen und du räumst deine Sachen schon einmal aus. Danach können wir was unternehmen *(nimmt die Zeitung wieder in die Hand).*

Linus: Oki doki Opi! *(Verlässt den Raum und packt seine Tasche aus)*

Szene 3:

Linus *(betritt den Raum, geht zu seinem lesenden Opa und tippt ihn an):* Opa, ich brauche Süßigkeiten! Süßes! Süßes!

Opa Willi *(schaut genervt auf und dann wieder auf seine Zeitung):* Hm.

Linus: Opa, ich muss Süßigkeiten haben! Los, los, los!

Opa Willi *(brummt):* Junge, so geht das aber nicht. Denk nochmal drüber nach.

Linus *(überlegt):* Liebster und bester Opa der Welt. Hättest du in deiner ergrauten Weisheit die Güte, mir etwas von den Süßigkeiten zu geben? *(Bettelnd)* Ich flehe dich an!

Opa Willi: Junge, so geht das aber nicht. Denk nochmal drüber nach.

Linus *(ungeduldig, lauter):* Opa!!! Ich will Süßigkeiten haben! Los, schneller! Ich will Süüüßes!!

Opa Willi *(winkt Linus herbei):* Junge, komm mal bei mich bei! Setz dich mal zu mir. Ich erzähle dir jetzt mal was: Wenn man etwas von anderen haben möchte, ist es wichtig, nett und höflich zu sein. Das nennt man Höflichkeit. Das ist wirklich sehr wichtig im Leben. Weißt du überhaupt schon, was Höflichkeit bedeutet?

Linus: Nein, ich glaube nicht.

Opa Willi: Höflichkeit ist, wenn man zum Beispiel bitte und danke sagt. Denk nochmal drüber nach und komm dann wieder.

Linus *(überlegt):* Darf ich bitte ein paar Süßigkeiten bekommen?

Opa Willi: Das hast du gut gemacht. Hier hast du ein paar Gummibärchen.

Linus lehnt sich daraufhin bei seinem Opa an der Schulter an.

Szene 4:

Opa Willi: So mein Junge, bevor wir beide jetzt was unternehmen, muss ich noch ganz schnell die Wäsche aufhängen. Es könnte sein, dass meine Nachbarin Liesel Schmidt klingelt. Sie möchte sich etwas Mehl von mir leihen. Meinst du, du kannst ihr das geben?

Linus: Okidoki, Opi!

Opa Willi: Das Mehl steht schon neben der Tür auf dem Tisch. Ich mach dir mal Heino an, dann kannst du ne Runde tanzen.

Linus *(fängt an zu Heinos Musik tanzen und stoppt nach einer Weile):* Wie lahm ist das denn? *(Ändert die Musik zu Scooters ‚Hyper, hyper' und tanzt wild)* Wicked! *(Dabei überhört er die Türklingel und tanzt weiter; nach einer Weile hört er sie doch und öffnet)*

Liesel: Junger Mann, was ist das denn für eine Lautstärke hier? Da fallen einem ja die Ohren ab.

Linus: Wer bist denn du? Und was machst du hier?

Liesel: Mein Name ist Liesel Schmidt und ich bin die Nachbarin von deinem Opa. Ich wollte das Mehl abholen. Aber junger Mann, jetzt sag ich dir mal was. Deine Musik hört man schon drei Straßen weiter. Das ist viel zu laut und es ist Mittagszeit, da schlafen manche Leute.

Linus: Mitten am Tag? *(Guckt auf seine Uhr)* Es ist halb eins!

Liesel: Ja, mein Junge. Ältere Leute wie ich sind schnell erschöpft und brauchen mehr Ruhe. Da macht man manchmal einen Mittagsschlaf.

Linus: Bist du jetzt schon müde?

Liesel: Ja, schon etwas. Ich war heute schon vier Stunden im Garten und das mit meinen alten Knochen. Da muss ich mich gleich erstmal etwas ausruhen. Und lass mich dir jetzt nochmal einen Tipp geben. Zu älteren Leuten sagt man „Sie“ und nicht „Du“.

Linus: Hä ... aber ich sage doch auch zu meinem Opa „Du“ und der ist auch alt, steinalt sogar. Der ist so alt, der hat ganz viele weiße Haare.

Liesel: Ja, aber deinen Opa kennst du auch sehr gut. Wenn du aber Leute triffst, die du nicht kennst und die keine Kinder sind, dann sagt man „Sie“.

Linus *(überlegt):* Okidoki, hier haben SIE das Mehl. Und meine Musik mach ich mal leiser, dann können sie gut schlafen.

Liesel: Bist ja doch ein richtig guter Junge. Mach es gut! *(Geht)*

Linus *(schließt die Tür):* Tschüßi!

Szene 5:

Opa Willi *(schläft und schnarcht, plötzlich erwacht er, gähnt):* Linus, ich hab eine Idee.

Linus hört über Kopfhörer Musik und wippt mit seinem Kopf mit, er hört Opa Willi nicht.

Opa Willi *(laut):* Linus, bist du schwerhörig? *(Geht zu Linus und tippt ihn an, der erschreckt sich und fällt vom Stuhl; besorgt)* Linus, alles in Ordnung?

Linus: Klaro Opi, hab dich gar nicht gehört.

Opa Willi: Ja, das hab ich gemerkt, aber nett von dir, dass du die Kopfhörer trägst, so konnte ich ganz in Ruhe ein kleines Nickerchen machen. Toll gemacht! Ich hab mir überlegt, lass uns bei dem schönen Wetter doch mal ein Eis essen gehen. Hast du Lust?

Linus *(freudig):* Ja klar, Opi, das wäre toll. Ich nehme Schokolade und Vanille und Zitrone und Banane und ...

Opa Willi: Jetzt mal langsam junger Mann, lass uns erstmal zum Bus gehen. Der fährt zum Glück hier direkt vor der Tür und wir müssen nicht so weit laufen. Lass uns los!

Szene 6:

Opa Willi *(steht mit Linus an der Bushaltestelle):* Boah, ist das voll hier. Dass du mir hier bloß nicht verloren gehst in dem ganzen Gewusel *(hält Linus fest, der zum einfahrenden Bus laufen will)*. Nun mal mit der Ruhe, mein Junge. Also erstens ist das hier gar nicht unser Bus. Das ist Linie 5. Wir müssen in Linie 9 einsteigen. Und zweitens: Warum wolltest du lossprinten?

Linus: Ich wollte schnell an den anderen Leuten vorbeirennen, damit wir als aller Erster im Bus sind.

Opa Willi: Aber Linus, da stehen doch schon ganz viele Leute vor uns.

Linus: Ja, deswegen wollte ich ja auch schnell vorbeirennen. Die sind einfach nicht weitergegangen. Diese Dummies.

Opa Willi: Na, also das sagt man aber nicht. Und außerdem standen die extra da. Das nennt man eine Schlange.

Linus: Schlange??? Wo ist eine Schlange??? Die sind doch gefährlich!!! *(Guckt verängstigt auf den Boden)*

Opa Willi: Nein, mein Junge, nicht das Tier Schlange. Immer wenn Leute auf etwas warten und in einer langen Reihe anstehen, nennt man das in einer Schlange stehen. Dann ist es höflich sich hinten anzustellen. Die Leute, die zuerst da waren und länger gewartet haben, stehen vorne in der Reihe und die Leute, die später gekommen sind, so wie wir jetzt gerade, stehen hinten. Das gibt es z. B. hier am Bus, aber auch vor dem Fahrkartenschalter oder in der Eisdiele oder z. B. bei der Post. Wenn man sich vordrängelt, ist das total unfair und nicht höflich. Wie würdest du dich fühlen, wenn du seit einer halben Stunde vorne in der Schlange wartest und dann kommt jemand angerannt und würde vorne stehen?

Linus: Ja, das wäre voll kacke und gemein.

Opa Willi: Siehst du, deswegen stellt man sich hinten an. Das ist nicht nur gerecht, sondern auch hier am Bus weniger gefährlich. Ach guck, ich sehe gerade, da kommt unser Bus mit der 9 *(stellt sich mit Linus in die Schlange vor den Bus und steigt mit ihm ein).*

Linus: Guck mal Opa, hier ist noch ein Platz frei *(setzt sich hin).*

Opa Willi: Da hast du aber Glück gehabt, mein Junge.

An der nächsten Bushaltestelle steigt Liesel langsam und beschwerlich auf Krücken ein.

Opa Willi *(überrascht):* Himmel Liesel ... Was ist dir denn passiert?

Liesel: Ach Willi, als ich vorhin bei dir gewesen bin, um das Mehl zu holen, da bin ich doch glatt auf dem Rückweg gestürzt. Hab im Garten den Besen übersehen und dann bin ich voll hingefallen. Zum Glück sagt der Arzt, dass nichts gebrochen ist, aber stehen kann ich so schlecht und laufen kann ich nur mit Krücken *(schwankt beim Losfahren des Busses).*

Opa Willi: Linus, mach mal den Platz für Liesel frei.

Linus räumt widerwillig seinen Platz und stellt sich neben Opa Willi.

Liesel *(setzt sich):* Danke, mein Junge.

Linus *(zu Opa Willi gewandt):* Manno, wieso das denn?

Opa Willi: Es gibt Situationen, da muss man den Schwächeren helfen. Du siehst ja, wenn Liesel jetzt weiter gestanden hätte, wäre sie bestimmt umgefallen und dann hätte sie sich bestimmt wehgetan. Deswegen bietet man auch oft alten Leuten den Platz im Bus oder Bahn an, weil die nicht mehr so gut stehen können. Das verstehst du doch?

Linus *(nickt verstehend):* Ja klar, sonst hätte sie sich wirklich noch ein Bein gebrochen und das hätte bestimmt wehgetan.

Opa Willi: Genau, man muss den Leuten, die Hilfe benötigen helfen, das würden sie auch für einen selber tun, wenn man Hilfe braucht. So, hier müssen wir auch raus, wir wollen ja noch unser Eis essen und hier ist die Eisdiele.

Liesel: Wisst ihr was, da komm ich mit und lade euch ein, weil ihr mir so nett geholfen habt.

Linus *(grinst):* Okay, aber in der Schlange müssen wir uns hinten anstellen.

Dank

Die Autoren bedanken sich für die kreativen Anregungen bei den (ehemaligen) Studierenden, die das Drehbuch im Rahmen eines Seminars an der Justus-Liebig-Universität Gießen entwickelt haben:

Michael Sennekamp und Niklas Tradt

6.4.3 „Seitenwechsel“

Abb. 46: Junge mit Weihnachtsmannmütze (© Living Puppets)

Zielgruppe:	Inklusive Grundschule/-stufe
Thematische Einordnung:	Sozialerziehung/Umgangsformen
Groblernziel:	Erlernen des situationsangemessenen Verhaltens im Theater
Feinlernziele:	Die SchülerInnen ... ▪ ... wissen, dass man Rücksicht auf Mitmenschen im Theater nimmt. ▪ ... verstehen, dass man sich während der Vorstellung ruhig verhält. ▪ ... erkennen, wie man sich auf einen Theaterbesuch vorbereitet.
Beteiligte Puppen:	**Marius, acht Jahre** **Tobi, neun Jahre** **Annika, neun Jahre** **Frau Ente, 58 Jahre**
Requisiten:	▪ Rollstuhl ▪ Brille ▪ CD-Player ▪ Lied „Hänsel und Gretel“. ▪ Holzstück ▪ Handy mit Tastentönen ▪ Leere und ausgewaschene Tüte Chips ▪ Eine Aufnahme von Stimmengewirr ▪ Drei Kisten ▪ Weihnachtsmannmütze ▪ Zwei Haarreifen mit Rentierohren

Biografien der Puppen

Tobi

- 9 Jahre alt
- Schüler der Klasse 3a der Astrid-Lindgren-Grundschule
- Familie: Mutter, Verkäuferin; Vater, Mitarbeiter in einer Autowerkstatt; und kleiner Bruder
- Hobby: Fußball spielen

Marius

- 8 Jahre alt
- Schüler der Klasse 3a der Astrid-Lindgren-Grundschule
- Familie: Mutter, Professorin für Neuere Geschichte; Vater, Unternehmensberater; und ältere Schwester
- Hobby: Basketball spielen
- Hinweis: Marius sitzt im Rollstuhl

Annika

- 9 Jahre alt
- Schülerin der Klasse 3a der Astrid-Lindgren-Grundschule
- Familie: Mutter, Erzieherin
- Hobby: schwimmen

Frau Ente

- 58 Jahre alt
- Lehrerin für Deutsch an der Astrid-Lindgren-Grundschule
- Leiterin der Theater-AG
- Familie: Ehemann und zwei Hunde
- Hobby: Gartenarbeit

Szene 1:

Tobi, Marius, Annika und Frau Ente sitzen als Gäste im Theater. Das Lied „Hänsel und Gretel“ ist zu hören.

Marius: Booooa, ist das langweilig!

Tobi *(über Annika hinweg zu Marius):* Aber echt ... so langweilig wie der Matheu ...

Frau Ente: SCHT!

Annika *(kichert):* Hihi.

Tobi *(flüstert sehr deutlich hörbar):* Frau Ente, ich muss mal!

Annika: Ich muss auch!

Frau Ente: Dann geht bitte leise raus!

Annika und Tobi verlassen polternd die Bühne. Es ist ein lautes Rumpeln zu hören, als ob ein Stuhl zu Boden fällt.

Annika *(aus dem Off):* Mist, dieser blöde Stuhl!

Frau Ente: Tobi, Annika, pscht!

Marius holt ein Handy aus der Tasche und drückt auf diesem herum. Die Tastentöne erklingen. Einen Moment später kommen Annika und Tobi zurück, mit einer Tüte Chips in der Hand. Lautes Rascheln und Kauen ist zu hören. Annika und Tobi setzten sich wieder.

Frau Ente *(sauer):* Also wirklich ihr drei!

Szene 2:

Am nächsten Tag im Klassenzimmer: Frau Ente bespricht mit Tobi, Marius und Annika den Theaterbesuch.

Frau Ente: Also, euer Verhalten im Theater hat mir gestern überhaupt nicht gefallen. Ihr habt euch wie eine Herde Trampeltiere benommen und alle anderen Gäste und die Schauspieler gestört und mit eurem Verhalten beleidigt. Könnt ihr euch vorstellen, warum genau ich so sauer bin?

Tobi *(murmelt beleidigt):* Was soll ich denn sonst machen, wenn ich mal muss?

Frau Ente: Hat jemand aus der Klasse einen Vorschlag für Tobi?

Marius: Sich in die Hose machen!

Annika, Marius und Tobi kichern.

Frau Ente: Also wirklich! Denkt doch mal an unseren Theaterführerschein. Holt den doch mal aus eurer Mappe.

Rascheln ist zu hören.

Annika *(hält den Führerschein in die Höhe):* Also hier steht nur, dass man vor der Vorstellung oder in der Pause auf die Toilette gehen soll.

Frau Ente: Genau! Aber in den allergrößten Notfällen könnt ihr natürlich auch während der Vorstellung gehen. Seid ihr beide denn davor zur Toilette gegangen?

Tobi und Annika schauen verlegen zu Boden und schütteln die Köpfe.

Frau Ente: Aha! Bitte denkt daran, das nächste Mal vorher zu gehen. Und wenn ihr trotzdem unbedingt währenddessen zur Toiletten gehen müsst, worauf solltet ihr dann achten?

Marius: Dass man die anderen Gäste nicht stört und so leise wie möglich aus der Vorstellung geht.

Tobi: Stimmt! Da hätten wir wirklich leiser sein können.

Frau Ente: Genau! Aber, das war aber nur ein Punkt, der mich gestört hat! Was steht denn als nächstes auf dem Theaterführerschein?

Annika *(liest vor):* Ich mache mein Handy aus.

Marius schaut betreten zu Boden.

Frau Ente *(bestimmt):* Das ist ein ganz wichtiger Punkt! Ich habe einen Schüler am Handy spielen sehen. Und das ist noch viel respektloser, als nur zu vergessen das Handy auszustellen. Denkt nur daran, wie viel Arbeit wir schon in die Probe für unsere Schulaufführung gesteckt haben *(Stimme wird lauter)*. Nun stellt euch vor, eure Eltern und Mitschüler sitzen nur am Handy und schauen euch nicht zu. Das würde sich für euch bestimmt auch nicht gut anfühlen.
Und das Gleiche gilt für das Chips essen und lautes Gequassel! *(Brille fällt von der Nase; hebt sie auf und beruhigt sich)* Also, schaut den Führerschein noch einmal an. So, und jetzt lasst uns mit unserer Generalprobe für unser Weihnachtsstück beginnen.

Tobi *(freut sich gemeinsam mit Annika und Marius):* Au ja!

Szene 3:

Annika, Marius und Tobi haben ihre Kostüme an und stehen auf der Bühne. Marius hat die Weihnachtsmütze auf, während Tobi und Annika als Rentiere verkleidet sind. Marius versucht dreimal vergeblich mit seinem Text zu beginnen. Es sind laute Stimmen zu hören, sowie Geraschel und ein klingelndes Handy.

Marius *(leise):* Ho ho ho! *(etwas lauter)* Ho ho ho! *(blickt entmutigt zu Boden, da er noch immer kaum verstanden wird)*

Frau Ente *(laut und deutlich):* Liebe Gäste! Unsere Schüler möchten gerne mit der Aufführung beginnen. Sie haben viel Zeit und Mühe in die Vorbereitungen gesetzt und wir möchten dies nun alle wertschätzen und ihnen unsere volle Aufmerksamkeit schenken. Denn die Regeln von unserem Führerschein gelten schließlich nicht nur für Kinder *(die Geräusche klingen ab; nickt Annika, Marius und Tobi aufmunternd zu)*.

Marius *(laut und deutlich):* Ho ho ho!

Tobi und **Annika**: Oh, hallo lieber Weihnachtsmann!

Szene 4:

Annika, Marius und Tobi befinden sich nach Ende des Stücks auf der Bühne und haben ihre Kopfbedeckungen in der Hand.

Tobi: Boah! Das war ja aufregend.

Annika: Oh man, aber ich habe mich an der einen Stelle total versprochen.

Tobi *(schaut sie mit zur Seite geneigtem Kopf an):* Ich fand dich großartig, das ist überhaupt nicht aufgefallen.

Marius: Ja, aber wie gut, dass Frau Ente am Anfang noch was gesagt hat. Ansonsten wäre die ganze Mühe umsonst gewesen. Uns hat ja gar keiner zugehört.

Tobi: Ich glaube, da haben wir uns im Theater wirklich doof benommen *(nickt gemeinsam mit Annika und Marius).*

Dank
Die Autoren bedanken sich für die kreativen Anregungen bei den (ehemaligen) Studierenden, die das Drehbuch im Rahmen eines Seminars an der Justus-Liebig-Universität Gießen entwickelt haben:

Leonie Paul und Laura Weiland

6.4.4 „Waldspaziergang“

Abb. 47: Mädchen und Junge im Wald (© Living Puppets)

Zielgruppe:	Inklusive Grundschule/-stufe
Thematische Einordnung:	Sozialerziehung/Umgangsformen
Groblernziel:	Erlernen des situationsangemessenen Verhaltens im Wald
Feinlernziele:	Die SchülerInnen ... ▪ ... wissen, dass man Rücksicht auf Pflanzen und Tiere im Wald nimmt. ▪ ... benennen Pflanzen und Tiere des Waldes. ▪ ... hinterlassen keinen Müll im oder zerstören Bestandteile des Waldes.
Beteiligte Puppen:	**Lum, zehn Jahre** **Florian, sieben Jahre** **Amelia, neun Jahre** **Lilabell, neun Jahre**
Requisiten:	▪ Bäume ▪ Waldboden ▪ Zweig ▪ Rucksack ▪ Keksverpackung ▪ Kastanien ▪ Eicheln

Biografien der Puppen

Lum

- 10 Jahre alt
- Schüler einer dritten Klasse
- Familie: Ivonne und Thorben (Adoptiveltern)
- Hinweis: Lum stammt aus Afrika und verlor dort seine Eltern durch ein Feuer. Mit sechs Jahren wurde er adoptiert und kam nach Deutschland.

Florian

- 7 Jahre alt
- Schüler einer dritten Klasse
- Familie: Renate und Rainer; Schwester Annabell (9) und Bruder Konstantin (11)
- Hinweis: Florian ist hochbegabt, besonders in Naturwissenschaften. Er übersprang die erste Klasse.

Amelia

- 9 Jahre alt
- Schülerin einer dritten Klasse
- Familie: Sybille und Erich; Zwillingsbruder Anton
- Hinweis: Amelia lebt auf einem Bauernhof und verbringt viel Zeit mit Tieren.

Lilabell

- 9 Jahre alt
- Schülerin einer dritten Klasse
- Familie: Lotte und Alex
- Hinweis: Lilabell hat viele Haustiere und verbringt mit ihren Eltern viel Zeit in der Natur.

Szene 1:

Lilabell: Amelia, Lum, Florian, wollen wir heute einen Herbstausflug in den Wald machen und Kastanien sammeln?

Amelia, **Lum** und **Florian**: Au ja!

Szene 2:

Die vier Kinder laufen durch den Wald und sehen sich dabei um. Es sind verschiedene Waldgeräusche zu hören.

Lum *(blickt sich um):* Wo sind denn jetzt die Kastanien? Ich kann gar keine finden!

Florian *(schüttelt den Kopf):* Mensch Lum, hier sind doch auch nur Nadelbaume, dort hinten am Rande des Waldes stehen Laubbaume, da sind sicherlich auch Kastanien bei *(zeigt in eine Richtung).*

Lum rennt los – querfeldein.

Florian *(laut):* Halt! Nicht quer durch den Wald. Wir müssen auf den Wegen bleiben!

Lum *(kratzt sich am Kopf):* Auf den Wegen? Wieso das?

Lilabell: Na guck doch mal, hier wachsen überall kleine Pflanzen, die wir sonst platt treten würden. Außerdem haben viele Tiere unter dem Laub Höhlen, die wir zerstören würden.

Lum: Ah, verstehe. Dann also hier entlang *(zeigt auf den Weg).*

Die vier Kinder gehen ein Stück weiter.

Amelia *(jammernd):* Ich hab Huuuuunger!

Lilabell: Flo, hast du nicht immer etwas in deinem Rucksack dabei?

Florian: Ja klar – Kekse, dann lasst uns doch hier auf dem Baumstamm eine kleine Pause machen *(holt die Kekse aus seinem Rucksack).*

Amelia: Oh ja, super!

Sie setzen sich auf den Baumstamm und essen Kekse. Dann hören sie ein Klopfgeräusch.

Amelia: Oh, pssst! Hört ihr das?

Lilabell: Was?

Amelia: Da, das Klopfen!? Was ist das?

Alle lauschen – es klopft erneut.

Lilabell: Ach das, das ist ein Specht!

Amelia: Ein Specht?

Lilabell: Ja, ein Specht. Ein Vogel, der mit seinem Schnabel in den Baumstamm pickt. Schau mal, da oben ist er *(zeigt auf einen Baum)*!

Amelia *(nachdenklich):* Mhm.

Alle gucken hoch. Amelia klopft im Takt des Spechts gegen den Baumstamm – Lum stimmt mit ein und pfeift dabei.

Florian: Psssst – ihr müsst leise sein. Sonst erschrecken wir die ganzen Tiere.

Lum *(erschrocken, hält sich gemeinsam mit Amelia eine Hand vor den Mund):* Oh.

Die vier essen weiter Kekse.

Lilabell: Mensch Flo, deine Kekse schmecken wirklich super, aber wollen wir nicht langsam mal weiter gehen?

Florian: Danke – das sind Dinkel-Vollkorn-Kekse. Ja, lass uns weiter gehen.

Die vier stehen auf. Amelia lässt die Verpackung von den Keksen liegen.

Florian: Halt Amelia!

Amelia *(genervt):* Was ist denn nun schon wieder?

Florian: Du kannst doch nicht den Müll hier liegen lassen und die Umwelt verschmutzen.

Amelia: Dann pack ihn doch in deinen Rucksack.

Lum: Ich mach das.

Florian: Danke Lum.

Die vier laufen weiter. Lum reißt im Vorbeigehen einen Zweig von einem Baum ab.

Lilabell: Ey Lum! Du kannst doch nicht einfach den Zweig abreißen.

Lum *(irritiert):* Mhm?

Lilabell *(energisch):* Bäume – also alle Pflanzen – sind Lebewesen. Die kannst du doch nicht ohne Grund verletzen.

Lum *(verlegen):* Ah verstehe. Kommt nicht wieder vor!

Sie laufen weiter.

Amelia: Oh, seht mal, hier sind Kastanien!

Lilabell: Oh ja, und hier liegen Eicheln.

Lum *(staunend):* Wie viele das sind!

Florian *(freudig):* Super!

Szene 3:

Sie sammeln eifrig Eicheln und Kastanien. Nach einer gewissen Zeit ...

Florian *(schaut in den Himmel):* Langsam wird es dämmrig. Wir sollten uns jetzt schnell auf den Weg nach Hause machen.

Lum: Aber nur auf den Wegen, leise, ohne Müll zu hinterlassen und ohne den Wald kaputt zu machen!

Die vier laufen den Weg zurück.

Dank
Die Autoren bedanken sich für die kreativen Anregungen bei den (ehemaligen) Studierenden, die das Drehbuch im Rahmen eines Seminars an der Justus-Liebig-Universität Gießen entwickelt haben:

Franziska Becker und Tina Petersdorf

Literatur

Bayerisches Staatsministerium für Unterricht und Kultus (Hrsg.) (2003): Lehrplan für den Förderschwerpunkt geistige Entwicklung. München: Hintermaier Alfred Offsetdruckerei + Verlag

Bernhardt, G. R., Praeger, S. G. (1985): Preventing child suicide: The elementary school death education puppet show. In: Journal of counseling and development. Vol. 63. 311–312

Böhmer, G. (1969): Puppentheater. Figuren und Dokumente aus der Puppentheater-Sammlung der Stadt München. 2. erw. u. überarb. Aufl. München: Bruckmann Verlag

Ellwanger, W., Gröminger, A. (1989): Das Puppenspiel. Psychologische Bedeutung und pädagogische Anwendung. Freiburg i.Br.: Herder Verlag

Freie und Hansestadt Hamburg Behörde für Schule und Berufsbildung (Hrsg.) (2011): Bildungsplan Grundschule. Bildende Kunst. Hamburg: Freie und Hansestadt Hamburg Behörde für Schule und Berufsbildung

Gardner, H. (2002): Intelligenzen. Die Vielfalt des menschlichen Geistes. Stuttgart: Klett-Cotta

Haveman, M., Stöppler, R. (2014): Gesundheit und Krankheit bei Menschen mit geistiger Behinderung. Handbuch für eine inklusive medizinisch-pädagogische Begleitung. Stuttgart: W. Kohlhammer Verlag

Heimlich, U. (2014): Spielförderung und -therapie. In: Wember, F. B., Stein, R., Heimlich, U. (Hrsg.): Handlexikon Lernschwierigkeiten und Verhaltensstörungen. Stuttgart: Verlag W. Kohlhammer. 176–179

Heimlich, U. (2015): Einführung in die Spielpädagogik. 3. aktual. u. erw. Aufl. Bad Heilbrunn: Verlag Julius Klinkhardt

Heinen, N. (1989): Elementarisierung als Forderung an die Religionsdidaktik mit geistigbehinderten Jugendlichen und jungen Erwachsenen. Aachen: Mainz-Verlag

Hessisches Kultusministerium (Hrsg.) (2013): Richtlinien für Unterricht und Erziehung im Förderschwerpunkt geistige Entwicklung. Wiesbaden: Hessisches Kultusministerium

Hille Puppille (2016): Unsere aktuellen Stücke. Online unter: www.hille-puppille.de/st%C3%BCcke/, 18.10.2016

Hohnstein (o. J.): Hohnsteiner Kasper. Online unter: www.hohnstein.de/de/Tourismus/Stadt-und-Geschichte/Hohnsteiner%20Kasper, 18.10.2016

Huber, G. (1997): Jetzt erst recht! Spiel und Spielen mit Sondergruppen. In: Hossner, E.-J., Roth, K. (Hrsg.): Sport-Spiel-Forschung: zwischen Trainerbank und Lehrstuhl. Sportspiel-Symposium des ISSW Heidelberg und der Dvs vom 30.09.-02.10.1996 in Heidelberg. Hamburg: Czwalina. 183–185

Irving, L. M. (2000): Promoting size acceptance in elementary school children. The EDAP puppet program. In: Eating Disorders: The Journal of Treatment and Prevention. Vol. 8, 2. 221–232

Klein, M. (2016): Saufen, kiffen, zocken – völlig „normal“? Suchpräventive Maßnahmen in der SFgE. In: Lernen Konkret 3-2016. 25–29

KMK (Kultusministerkonferenz) (2012 a): Empfehlung zur Mobilitäts- und Verkehrserziehung in der Schule. Beschluss der Kultusministerkonferenz vom 07.07.1972 i. d. F. vom 10.05.2012. Online unter: www.kmk.org/fileadmin/veroeffentlichungen_beschluesse/1972/1972_07_07-Mobilitaets-Verkehrserziehung.pdf, 31.10.2016

KMK (Kultusministerkonferenz) (2012 b): Empfehlung zur Gesundheitsförderung und Prävention in der Schule. Beschluss der Kultusministerkonferenz vom 15.11.2012. Online unter: www.kmk.org/fileadmin/Dateien/veroeffentlichungen_beschluesse/2012/2012_11_15-Gesundheitsempfehlung.pdf, 31.10.2016

Konrad, J. F. (1975): Kalina und Kilian: problemorientierter Religionsunterricht mit Handpuppen für Kindergarten und Grundschule. Gütersloh: Mohn

Kratochwil, E.-F. (2004): Deutsches Puppentheater bis 1945. Online unter: www.fidena.de/publish/viewfull.cfm?objectid=cc0a501e_e081_515d_74772f784b478cc9, 31.10.2016

Kressin, M. (2000): Tipps und Tricks zur Führung von Klappmaulfiguren. IAF der Polizei NRW. Handreichung

Kreuser, U. (1993): Gestalterisches Spiel in seiner Bedeutung für die Lernförderung geistig behinderter Kinder. Frankfurt a. M. u. a.: Peter Lang Europäischer Verlag der Wissenschaften

Measelle, J. R. (1998): Assessing young children's views of their academic, social and emotional lives: an evaluation of the self perception scales of the Berkeley Puppet Interview. In: Child Development. Vol. 69, 6. 1556 – 1576

Mensch zuerst – Netzwerk People First Deutschland e. V. (o. J.): Leichte Sprache. Online unter: http://bidok.uibk.ac.at/library/menschzuerst-sprache-l.html, 31.10.2016

Ministerium für Bildung, Frauen und Jugend Rheinland-Pfalz (Hrsg.) (2001): Richtlinien für die Schule mit dem Förderschwerpunkt ganzheitliche Entwicklung und Lehrplan zur sonderpädagogischen Förderung von Schülerinnen und Schülern mit dem Förderbedarf ganzheitliche Entwicklung. Mainz: Ministerium für Bildung, Frauen und Jugend Rheinland-Pfalz

Ministerium für Bildung, Kultur und Wissenschaft Saarland (Hrsg.) (2004): Lehrplan Schule für Geistigbehinderte. Saarbrücken: Ministerium für Bildung, Kultur und Wissenschaft Saarland

Ministerium für Kultus, Jugend und Sport Baden-Württemberg (Hrsg.) (2009): Bildungsplan Schule für Geistigbehinderte. Stuttgart: Ministerium für Kultus, Jugend und Sport

Möller, O. (2007): Große Handpuppen ins Spiel bringen. Technik, Tipps und Tricks für den kreativen Einsatz in Kindergarten, Schule, Familie und Therapie. Münster: Ökotopia Verlag

Möller, O., Schroeder-Zobel, S. (2013): Starke Stücke für große Handpuppen. Spielideen für Kindergarten, Schule, Familie und Therapie. Münster: Ökotopia Verlag

Niedersächsisches Kultusministerium (Hrsg.) (2007): Kerncurriculum für den Förderschwerpunkt Geistige Entwicklung. Schuljahrgänge 1 – 9. Hannover: Niedersächsisches Kultusministerium

Petzold, H. (Hrsg.) (1983): Puppen und Puppenspiel in der Psychotherapie mit Kindern, Erwachsenen und alten Menschen. München: J. Pfeiffer Verlag

Piepho, N. (2015): Sicher zu Fuß. Puppenspiel als Methode der Mobilitätsförderung bei Menschen mit geistiger Behinderung. Unveröffentlichte Examensarbeit. Justus-Liebig-Universität Gießen

Pietrzyk, U. (2009): Psychologie des Lernens. Biologische und psychologische Grundlagen des Lernens. Fakultät Mathematik und Naturwissenschaften. Fachrichtung Psychologie. TU Dresden

Pitsch, H.-J.,Thümmel, I. (2015): Methodenkompendium für den Förderschwerpunkt geistige Entwicklung. Band 1: Basale, perzeptive, manipulative, gegenständliche und spielerische Tätigkeit. Oberhausen: Athena Verlag

Pommer, M. (1988): Figurentheater unter erschwerten Bedingungen: Förderung von Sensibilität, Kreativität und Mobilität geistigbehinderter Menschen. Dissertation. Julius-Maximilians-Universität zu Würzburg

Oerter, R. (2007): Zur Psychologie des Spiels. Online unter: http://nbn-resolving.de/urn:nbn:de:0168-ssoar-292301, 31.10.2016

Reusch, R. (o. J.): Der Schatten. Online unter: www.schattentheater.de/files/deutsch/schatten/schatten.php, 19.10.2016

Reusch, R./Götz, N. (o. J.): Entwicklung des Schattentheaters in Europa von den Ursprüngen bis zur Gegenwart. Online unter: www.schattentheater.de/files/deutsch/geschichte/geschichte.php, 19.10.2016

Rossol, W. (2015): Unterwegs mit öffentlichen Verkehrsmitteln. Puppenspiel als Methode der Mobilitätsförderung bei Menschen mit geistiger Behinderung. Unveröffentlichte Examensarbeit. Justus-Liebig-Universität Gießen

Rüstow, N. (2010): Dilemma oder Chance. Die Bedeutung der Leichten Sprache für erwachsenenpädagogische Angebote für Menschen mit Lernschwierigkeiten. In: Ackermann, K.-E., Burtscher, R., Ditschek, E. J., Schlummer, W. (Hrsg.): Inklusive Erwachsenenbildung. Berlin: Eigenverlag GEB. 163–174

Sächsisches Staatsministerium für Kultus (Hrsg.) (1998): Lehrplan Schule für geistig Behinderte. Dresden: Sächsisches Staatsministerium für Kultus

Schmetz, D., Stöppler, R. (2007): Förderschwerpunkt Liebe – Sexualpädagogische Bildungsangebote für Menschen mit kognitivem Förderbedarf. Dortmund: verlag modernes lernen

Schomann, M. (2005): Entwicklung eines Puppenspiels zur primären Prävention sexuellen Mißbrauch von Kindern. Unveröffentl. Diplomarbeit. Jena: Friedrich-Schiller-Universität

Simmen, R./Bezzola, L. (1972): Die Welt im Puppenspiel. Zürich: Silva Verlag

Simon, T. (2008): Die Wurzeln. In: Simon, T., Weiss, G. (Hrsg.): Heilpädagogische Spieltherapie. Konzepte-Methoden-Anwendungen. Stuttgart: Klett-Cotta. 15–21

Stöppler, R. (2002): Mobilitäts- und Verkehrserziehung bei Menschen mit geistiger Behinderung. 2. überarb. Aufl. Bad Heilbrunn: Klinkhardt Verlag

Stöppler, R. (2009): Mobil mit Stil. Mobilitätserziehung bei Jugendlichen mit besonderem Förderbedarf. Schwerpunkt Lernen und sozial-emotionale Entwicklung. Bayerischer GUV/Akademie Bruderhilfe

Stöppler, R. (2011): „Auf dem Weg zur Teilhabe“. Mobilitätspädagogische Bildungsangebote im FSP Geistige Entwicklung. In: Lernen konkret 2-2011. 14–18

Stöppler, R. (2014): Einführung in die Pädagogik bei geistiger Behinderung. München/Basel: Ernst Reinhardt Verlag

Stöppler, R. (2015): Menschen mit (Mobilitäts-)Behinderung. Teilhabe und Verkehrssicherheit. Handbuch für Fachkräfte zur Förderung der Mobilitätskompetenzen von Menschen mit Behinderungen. Schriftenreihe Verkehrssicherheit, Heft 18. Bonn: Deutscher Verkehrssicherheitsrat

Stöppler, R., Haveman, M., Wilke, J. (2016): Neue inklusive Spielideen. Spielen will gelernt sein. Teil 2. Dortmund: verlag modernes lernen

Stöppler, R., Wachsmuth, S. (2010): Förderschwerpunkt Geistige Entwicklung. Eine Einführung in didaktische Handlungsfelder. Paderborn: Schöningh Verlag

Strasser, F. (2002): Figurentheater in der Grundschule. Handbuch für Theorie und Praxis. Baltmannsweiler: Schneider-Verlag Hohengehren

Thiesen, P. (2013): Drauflosspiel-Theater. Ein Spiel- und Ideenbuch für Kinder- und Jugendgruppen, Schule und Familien. Weinheim und Basel: Beltz Verlag

Weinberger, S. (2001): Kindern spielend helfen. Eine personenzentrierte Lern- und Praxisanleitung. Weinheim: Beltz Juventa Verlag

Zauleck, F. (2014): Kasper und Konsorten. Ein vergnüglich unterhaltsamer und obendrein lehrreicher Spaziergang durch die Kulturgeschichte der Theaterpuppe im mitteldeutschen Raum. Leipzig: Koehler + Amelang GmbH

Zunker, A. (2001): Puppenspiel in der Grundschule. Berlin: Oldenbourg Wissenschaftsverlag

Abbildungsverzeichnis

Raum für Notizen

Mathematik für alle – leicht gemacht ...

Carin de Vries

DIFMaB

Diagnostisches Inventar zur Förderung Mathematischer Basiskompetenzen – Hilfen zur Erfassung individueller Lernvoraussetzungen und Erstellung von Förderplänen

Kombinierte Diagnose und Förderung in einem Format! Die Neuauflage des seit Jahren bewähren Diagnostik- und Fördermaterials DIFMaB bietet den Anwendern nun zusätzlich vorbereitetes Arbeitsmaterial für die Erfassung individueller Schülerkompetenzen sowie darauf aufbauende Fördermaßnahmen. Daneben wurde das Werk um ein eigenes Kapitel mit differenzierten Hinweisen zu Kompetenzformulierungen und Ideen zu weiteren Fördermaßnahmen erweitert.

„... nach meiner Einschätzung gegenwärtig **das** Diagnostik-Förder-Instrumentarium sowohl für Kinder mit als auch ohne sonderpädagogischen Förderbedarf. Es ist bereits im Kindergarten einsetzbar bis hin zur Oberstufe der Förderschule mit dem Förderschwerpunkt geistige Entwicklung." Holger Schäfer, Diagnostik in pädagogischen Handlungsfeldern

3. Auflage, 72 S. Begleitheft mit Kopiervorlagen, farbig, geh + 54 Blatt Arbeitsblätter zum Zerschneiden, farbig, fester Karton, Format DIN A4, im Karton, Alter: 6–10

Carin de Vries

Mathematik im Förderschwerpunkt Geistige Entwicklung

Grundlagen und Übungsvorschläge für Diagnostik und Förderung im Rahmen eines erweiterten Mathematikverständnisses

Die Ausführungen sind anschaulich durch Abbildungen und Bilder ergänzt, so dass es auch fachfremden Lehrkräften eine wertvolle Hilfe bei der Auswahl von Planung und Gestaltung des täglichen Unterrichts sowie bei der Erstellung längerfristiger Förderpläne bietet. Da das Buch sowohl theoretische Grundlagen als auch zahlreiche unterrichtspraktische Hinweise beinhaltet, kann es als eine gute Orientierungshilfe bei der Einordnung von Lernständen sowie entsprechenden Fördermaßnahmen angesehen werden.

Besondere Bereiche wie Zeit und Geld sind in einem eigenen Kapitel dargestellt u.v.a.m. Daneben finden sich Hinweise für eine individuelle Anpassung von Lerninhalten und Fördermaterialien sowie Ideen für alltagsbezogene Rechenanlässe, die ebenfalls durch Bilder veranschaulicht werden. Gestaltungshinweise für differenzierte Arbeitsblätter und Hinweise für den Einsatz in inklusiven Settings runden das Buch ab. Neben weiteren Übungs- und Materialvorschlägen finden sich in dieser 4. Auflage auch Erläuterungen zu aktuellen Sichtweisen und Verfahren zur Entwicklung von Zählfertigkeiten als wichtige Vorläuferfähigkeit für den Aufbau mathematischer Basis- und Rechenkompetenzen.

4., verb. u. erweiterte Auflage, 236 S., farbige Abb., 16x23cm, br

ISBN 978-3-8080-0817-1 | Bestell-Nr. 3619 | 19,95 Euro

Carin de Vries

Übungsblock zum DIFMaB

Übungsvorschläge für Schüler mit Förderbedarf im Lernbereich Mathematik

„Mehr als ein Übungsblock! Nimmt man ihn das erste Mal in die Hand, fällt zunächst das ungewöhnliche Format auf, er ist klein und handlich. Dann, beim Durchblättern, merkt man schnell: beim Aufschlagen hat man ein DIN-A4-Format in der Hand, also perfekte Arbeitsblattgröße, geeignet für direktes Arbeiten im Block, aber auch als Kopiervorlage. Die Aufteilung in Pränumerik, Zahlbegriff und Rechenoperationen ist sinnfällig, dazu wird jeweils eine kurze Einführung geboten. Die Zugangsebenen Konkret-Abbildung-Symbolisch werden als durchgängiges Prinzip verwendet und bei den Übungen mit Aufgaben und Materialhinweisen belegt. Schön finde ich auch, dass durchgängig zur Selbsteinschätzung und damit zum selbständigen Lernen angeregt wird (Daumensymbole in Ampelfarben am Rande der Arbeitsblätter). Überhaupt ist der ganze Übungsband sehr schön und liebevoll visuell gestaltet, jedoch nicht überfrachtet. Insgesamt ist es ein sehr nützliches und praktikables Material zur Förderung grundlegender mathematischer Kompetenzen, das Dr. Carin de Vries und ihr Team im verlag modernes lernen herausgebracht haben. Tatsächlich lassen sich die strukturierten Anregungen und konkreten Arbeitsvorschläge und Arbeitsmaterialien in jedem an Förderprinzipien orientierten Basis-Mathematikunterricht einsetzen. Zurecht verweist de Vries deshalb auf die Möglichkeit, dieses Übungsmaterial außer durch Lehrkräfte auch durch pädagogische Fachkräfte und in einem multiprofessionellen inklusiven Rahmen einzusetzen." Gerhard Bohl, Hannover

256 S., farbige Abb., zahlreiche Kopiervorlagen, Format DIN A5 quer, Ringbindung, Alter: 6-10

ISBN 978-3-8080-0778-5 | Bestell-Nr. 3656 | 21,95 Euro

Carin de Vries

Übungen mit dem SOMA-Würfel

Spielerischer Aufbau von Raum-Lage-Beziehungen – Vom Würfel zum Bauwerk – Übungsvorschläge für den Einsatz im inklusiven Unterricht zur Förderung aller SchülerInnen

„Zunächst besticht dieses Buch durch eine große Anzahl sehr ansprechend und klar gestalteter Arbeitsbögen und Spielvorlagen für den Unterricht. Schaut man sich die Materialien genauer an, so sind sie tatsächlich für unterschiedliche Lernniveaus geeignet. Teilweise sind die Arbeitsbögen noch mit Vorschlägen zur Differenzierung versehen. Interessant und sehr hilfreich ist das Kompetenzraster für dieses Thema. Für die Gestaltung eigener Arbeitsbögen sind auf der dazugehörigen CD Vorlagen und Bilder enthalten, die man ohne Schwierigkeiten nutzen kann." Ute Freibrodt, Grundschule Mathematik

124 S. (mit Perforierung zum Heraustrennen), Beigabe: Vorlagen auf CD-ROM, farbige Abb., Format DIN A4, Ringbindung, Alter: 6–15

ISBN 978-3-8080-0776-1 | Bestell-Nr. 3654 | 21,95 Euro

217/10-21

Schleefstraße 14, D-44287 Dortmund
Telefon 02 31 12 80 08, Fax 02 31 12 56 40
E-Mail: info@verlag-modernes-lernen.de
Leseproben und Bestellen im Internet: www.verlag-modernes-lernen.de

An den Ressourcen anknüpfen

NEU

Holger Schäfer / Peter Zentel / Roman Manser
Mitarbeit: Andreas Fröhlich

Förderdiagnostik mit Kindern und Jugendlichen mit schwerster Beeinträchtigung

Eine praktische Anleitung zur förderdiagnostischen, pädagogisch-therapeutischen Einschätzung und Bildungsplanung

Die differenzierten Fragen in kleinsten Schritten und der gemeinsame, dialogische Blick auf die Antworten gemeinsam mit Eltern und Pädagogen/Therapeuten verdeutlichen sehr schnell die zahlreichen (ganz individuellen) Facetten, in denen diese Kinder und Jugendlichen Stärken und Potenziale, aber auch Wünsche und Bedürfnisse (Hilfebedarfe) mitbringen. Durch die klare Struktur der Beobachtungshilfen sowie die bewusst einfache Notation dieses Leitfadens wird es möglich, für jedes einzelne Kind seine vorhandenen, sich entwickelnden Kompetenzen aufzuspüren und daraus zusammen mit den Eltern oder den wichtigsten Bezugspersonen eine Förderplanung (ausgerichtet an Stärken und Zielen) zu entwickeln. Zusätzlich werden die für den Personenkreis ganz zentralen (basal-elementaren) Bereiche Aufmerksamkeit, Essen & Trinken, Pflege sowie Kommunikation (auch mit neuen Fragen) gesondert ausgewiesen, um unmittelbare Erkenntnisse zu entsprechenden Förderbereichen identifizieren bzw. auch hierzu spezifische Angebote (auch kooperativ bspw. mit Ergotherapie oder Physiotherapie) planen zu können.

2022, 192 Seiten, farbige Abb., Beigabe: Formulare als Download, Groß-Format DIN A4, Ringbindung
ISBN 978-3-8080-0873-7 | Bestell-Nr. 3659 | 29,95 Euro

Dietrich Eggert
Christina Reichenbach

Diagnostische Inventare

Motorik **(DMB)**, auditive Wahrnehmung **(DIAS)**, Raum-Zeit-Wahrnehmung **(RZI)**, Selbstkonzept **(SKI)**

4 klassische Inventare in komprimierter Form mit umfangreichem Download-Material – Dieser Praxisband führt in die Arbeit mit den Diagnostischen Inventaren ein, die sich besonders für eine Diagnostik im (heil-)pädagogischen Alltag eignen. Die bewährten Inventare DMB, DIAS, RZI sowie SKI werden in diesem Handbuch komprimiert und übersichtlich dargestellt, um Praktikern in nur einem Band eine Vielfalt diagnostischer Möglichkeiten an die Hand zu geben. Das Handbuch bietet zu jedem Inventar die theoriegeleiteten Bezüge und Modelle sowie jeweils eine Sammlung von Kernaufgaben. Im dazugehörigen Download befinden sich weitere zahlreiche Aufgaben und „Diagnostische Menüs" für die Praxis. Inhalte pro Inventar und damit Fokus der Diagnostik sind jeweils: Beschreibung des Entwicklungsbereichs, Bedeutung für die Entwicklung, Definitionsansätze, Handlungsmodell, Kernaufgaben, Studien, weitere diagnostische Verfahren, weitere Fördermöglichkeiten.

Das Buch bietet umfangreiche Praxismaterialien für eine fundierte pädagogische Diagnostik und Förderung.

2021, 320 S., farbige Abb., Beigabe: umfangreiches Material als Download, Format 16x23cm, Klappenbroschur, Alter: ab 4
ISBN 978-3-8080-0865-2 | Bestell-Nr. 1313 | 39,80 Euro

Gerald Matthes

Förderkonzepte – einfühlsam und gelingend

Psychologische Grundlagen und Methoden der Entwicklung individueller Förderkonzepte

Das Handbuch beginnt mit einer gut strukturierten Einführung in die theoretischen Grundlagen der Entwicklung von Förderkonzepten. Der umfassende Praxisteil widmet sich konkreten Beobachtungs-, Interpretations- und Planungshilfen zur Förderung eines aktiven Lernhandelns: • Was tun bei mangelnder Beteiligung im Unterricht, Problemen sozialer Integration? Unterstützung bietet hier zur ersten Einschätzung der Situation der Teilhabebogen. • Welche Faktoren müssen verändert werden, um die Lernsituation des Kindes zu verbessern? • Was hilft einem Kind bei Versagensangst oder Lernstress? Anregungen geben Zielbausteine, die auf die individuellen Lern- und Entwicklungsbedürfnisse zugeschnitten werden.
Tipps und Techniken für die Praxis und Evaluierung der Förderung runden die Toolsammlung ab.

2. Auflage, 200 S., zweifarbig, Beigabe: Formulare als Download, Format 16x23cm, Klappenbroschur
ISBN 978-3-8080-0826-3 | Bestell-Nr. 1287 | 19,95 Euro

Christina Reichenbach
Helge Thiemann

Lehrbuch diagnostischer Grundlagen der Heil- und Sonderpädagogik

„Von dem Autorenduo – und dem kann sich der Rezensent anschließen – wird die Publikation zur Lektüre Studierenden der Heil- und Förderpädagogik, Sonder- und Heilpädagogen sowie ErzieherInnen, MotopädInnen, MotologInnen, ErgotherapeutInnen u. ä. Berufsgruppen empfohlen. Das Buch ist sehr verständlich geschrieben und aus diesem Grund gut lesbar. Das schafft die oder der geübte Leserin oder Leser in einem Rutsch. Und dann macht Lernen auch Spaß." Carsten Rensinghoff, socialnet.de
„Das Lehrbuch bietet mit den umfangreichen fachlichen Informationen und praktischen Beispielen eine fundierte Arbeitsgrundlage für die diagnostische Praxis sowie für die Lehre. Die erforderliche Reflexion des eigenen Handelns wird durchgängig durch Leitfragen angeregt. Das Buch erfüllt das intendierte Ziel, handlungspraktische Kompetenzen zu vermitteln, da alle Kompetenzebenen - das Wissen, die Fertigkeiten, die Sozial- und die Selbstkompetenz - konsequent angesprochen werden." Astrid Krus, motorik

2., verbesserte und aktualisierte Auflage, 224 S., Format 16x23cm, Klappenbroschur
ISBN 978-3-8080-0847-8 | Bestell-Nr. 1247 | 19,95 Euro

219/7-22

vml verlag modernes lernen

Schleefstraße 14, D-44287 Dortmund
Telefon 02 31 12 80 08, Fax 02 31 12 56 40
E-Mail: info@verlag-modernes-lernen.de
Leseproben und Bestellen im Internet: www.verlag-modernes-lernen.de

Gelebte Inklusion ... Bücher von Reinhilde Stöppler

Reinhilde Stöppler / Meindert Haveman

„Spielen will gelernt sein!?“

Spiele für Menschen mit geistiger Behinderung

„Nach 30 Seiten Einführung, in der auf Spieltheorie und entwicklungspsychologische Hintergründe eingegangen wird, stellen die Autoren im Praxisteil auf über 100 Seiten Spiele und ihre ‚Stolpersteine' vor: vom ‚Mensch ärgere dich nicht' bis hin zum frei erfundenen Spiel. Das Buch ist ein Muss für spielbegeisterte Pädagoginnen und Pädagogen.“

Claudia Osburg, Deutsch differenziert

„Insgesamt sind die Modifizierungen und Neuentwicklungen der Spiele sehr gut gelungen. Viele Kopiervorlagen und Bastelanleitungen erleichtern die Anfertigung. Die Spiele haben unterschiedliche Anspruchsniveaus und Akzentsetzungen und sind daher vielfältig einsetzbar. Sie eignen sich nicht nur für den Einsatz in Förderschulen, sondern auch sehr gut für Kinder, die den allgemeinen Anforderungen der ‚normalen' Spiele nicht gewachsen sind, sei es, dass sie zu komplex oder kognitiv und/oder motorisch zu anspruchsvoll sind.
Fazit: Spiele für die Praxis für Kinder und Jugendliche mit Beeinträchtigungen.“ Marianne Broglie, skg-forum.de

3. Auflage, 152 S., farbige Abb., Format 16x23cm, Ringbindung, Alter: ab 3 | **ISBN 978-3-8080-0644-3 | Bestell-Nr. 3651 | 19,80 Euro**

Reinhilde Stöppler / Meindert Haveman / Julia Wilke

Neue inklusive Spielideen

Spielen will gelernt sein - Teil 2

„Schön finde ich an den Spiel-Modifikationen, dass nicht nur Kinder mit Förderbedarf zum Spiel dazugenommen werden können, sondern auch jüngere Kinder oder ältere Menschen. Jeder, der mit normalen Gesellschaftsspielen überfordert ist, ob aus körperlichen oder kognitiven Gründen, kann mit Hilfe von oft kleinen Veränderungen am Spiel doch daran teilnehmen. Hier sehe ich auch den Hauptwert dieses Buches: Man bekommt bei der Lektüre Ideen und Mut, bereits bestehende Spiele zu verändern und an die eigene Gruppe anzupassen.“ Stefanie Ganzevoort, Theraplay
„Eine interessante Sammlung von Spielen für den Einsatz mit geistig behinderten Kindern, Jugendlichen und Erwachsenen und in inklusiven Gruppen.“ Scharmann, ekz.bibliotheksservice
„Dieser Folgeband von ‚Spielen will gelernt sein' ist ein beeindruckend aufbereiteter Band mit einer ungewöhnlichen breiten Darstellung von Spielideen, die inklusive eingebracht werden können, und zwar nicht nur für Menschen mit einer Behinderung, sondern für ganz unterschiedliche Zielgruppen in ganz unterschiedlichen Altersstufen.“ Detlef Rüsch

184 S., farbige Abb., Format 16x23cm, Ringbindung, Alter: 6–99
ISBN 978-3-8080-0749-5 | Bestell-Nr. 3653 | 19,95 Euro

Reinhilde Stöppler / Michael Kressin

Das pädagogische Puppenspiel

Theoretische Einführung und praktische Beispiele – auch für die inklusive Bildung

„Neben der theoretischen Einführung liefert der Praxisteil das notwendige Rüstzeug für den Umgang mit Klappmaulfiguren wie Handführung, Gestik, Stimme des Spielers usw. Konkrete Rollenspiele für die Puppen folgen. Eine gelungene Zusammenstellung, die hervorragend nicht nur im inklusiven Unterricht eingesetzt werden kann, sondern darüber hinaus spielpädagogische Ansätze im Jugend-, Erwachsenen- und Seniorenbereich liefert.“

ekz.bibliotheksservice.de

„Begeistert halte ich das frisch erschienene Buch in den Händen. ... Zwar will das Buch besonders einen Beitrag zur Bildung und Förderung im inklusiven Unterricht leisten. Ich kann mir aber sehr gut vorstellen, dass viele spielerisch interessierte Eltern und Großeltern aus ihm auch nützliche Anregungen für das Spiel mit den eigenen Kindern und Enkelkindern erhalten.“ Dr. Dr. med. Herbert Mück, amazon.de
„Ich kann das Buch in Kitas allen Pädagogen weiterempfehlen, die sich neben anderen Büchern zu diesem Thema weiterbilden wollen, bzw. kleine Ideenspritzen für das Puppenspiel suchen.“

Daniela Pfaffenberger, kigaportal.com

2. Auflage 2022, 208 S., farbige Abb., Format 16x23cm, br, Alter: 0–99
ISBN 978-3-8080-0783-9 | Bestell-Nr. 3860 | 19,95 Euro

Reinhilde Stöppler

Inklusiv mobil

Mobilitätsförderung bei Menschen mit geistiger Behinderung

Mobilität führt zur Erweiterung unseres Aktionsradius, zur aktiven Auseinandersetzung mit der Umwelt, eröffnet Wahlmöglichkeiten, z.B. bei der Freizeitgestaltung und dient der Aufnahme und Aufrechterhaltung von sozialen Kontakten. Für Menschen mit Behinderungen ist Mobilität aber oftmals mit unüberwindbaren Problemen verbunden, weil Barrieren unterschiedlicher Art und Ausprägung vorhanden sind. Gründe dafür können zum einen in der meist nicht barrierefreien Gestaltung der Verkehrswelt liegen, zum anderen in der nicht ausreichend erfolgten Mobilitätsförderung. Dieses Buch zeigt sowohl theoretische Aspekte, als auch vielfältige praktische Anregungen, Übungen und Projekte auf, wie Menschen mit geistiger Behinderung, auch in inklusiven Settings, Schritt für Schritt auf eine sichere und selbstbestimmte Teilnahme am Straßenverkehr vorbereitet werden können.
„Ich empfehle daher ‚Inklusiv mobil' allen PädagogInnen sowie allen Lehrkräften, die eine theoretische Grundlegung suchen für die Förderung des Erwerbs von Mobilitätskompetenzen im Elementarbereich und in der Schule sowie darauf abgestimmte geeignete und motivierende Übungsformen und Projekte.“ Ingeborg Thümmel, Teilhabe

160 S., farbige Abb., Format 16x23cm, br, Alter: ab 7
ISBN 978-3-8080-0782-2 | Bestell-Nr. 3859 | 19,95 Euro

213/7-22

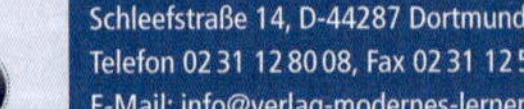

Schleefstraße 14, D-44287 Dortmund
Telefon 02 31 12 80 08, Fax 02 31 12 56 40
E-Mail: info@verlag-modernes-lernen.de
Leseproben und Bestellen im Internet: www.verlag-modernes-lernen.de